Cornelia Oehlert

# Wurzeln für Lisa

Brief an meine unbekannte Tochter

## Widmung

Für meine Tochter, die mein eigen Fleisch und Blut ist und mit der ich doch nicht verwandt bin – und natürlich für Günter.

Ein ganz herzliches Dankeschön an Maryanne, Renate, Brigitte, Matthias und Arnulf, die mich bei der teilweise sehr schwierigen Arbeit an diesem Buch unterstützt haben.

Cornelia Oehlert

# Wurzeln für Lisa

Brief an meine
unbekannte Tochter

**Bibliografische Information Der Deutschen Bibliothek:**
Die Deutsche Bibliothek verzeichnet diese Publikation in der
Deutschen Nationalbibliografie; detaillierte bibliografische
Daten sind im Internet über http://dnb.ddb.de abrufbar

# Impressum

Die Personen und Handlungen dieser Geschichte sind leider Gottes nicht
frei erfunden und die Ähnlichkeiten mit lebenden Personen sind absolut
beabsichtigt. Der eine oder andere, der sich darin erkennt, möge sich fragen, ob er/sie immer richtig gehandelt hat – ›zum Wohle‹ der dabei betrof-
fenen Personen.

Herstellung und Verlag: Books on Demand GmbH, Norderstedt

Umschlagentwurf: Gerschwitz Kommunikation, Berlin

Umschlagfoto: C. Oehlert

Satz und Layout: C. Oehlert

Printed in Germany

Dieses Buch wurde im On-Demand-Verfahren hergestellt.


ISBN-13: 978-3-8370-4197-2

# Inhalt

Wir werden füreinander
einzig sein in der Welt.

(A. de Saint-Exupery)

## Der Anfang eines langen Briefes

13. Juli 2008

Liebe unbekannte Lisa,

seit wir uns zum ersten Mal begegneten, sind 38 Jahre und 341 Tage vergangen. Du hast mir inzwischen 24 Briefe und E-Mails geschrieben, ich Dir insgesamt 43. Telefoniert haben wir noch nie im Leben miteinander. Gesehen haben wir uns nur ein einziges Mal – und das war bei Deiner Geburt am 8. August 1969. Wenige Tage danach hat man Dich mir weggenommen und mich genötigt, Dich zur Adoption freizugeben. Damit wurde das feste Band, das uns neun Monate lang zusammenhielt, nicht nur physisch gewaltsam durchtrennt. In all den Jahren danach gab es kaum einen Tag, an dem ich nicht an Dich gedacht habe.

In diesem langen ›Etappenbrief‹ möchte ich Dir das erzählen, was ein Kind normalerweise tröpfchen- oder scheibchenweise über viele Jahre hinweg erlebt und erfährt. Suche Dir also einen ruhigen Platz zum Lesen und ›höre‹ Dir an, was Deine leibliche Mutter von sich und unserer gemeinsamen Geschichte zu berichten hat, aber mache Dich darauf gefasst, dass Du dabei einiges lesen wirst, was Dich vielleicht berühren, erschüttern, schockieren oder gar abstoßen wird.

Also, dann werde ich nicht mehr lange herumreden oder überlegen, sondern einfach beginnen …

Die Aufgabe der Umgebung ist nicht,
das Kind zu formen,
sondern ihm zu erlauben,
sich zu offenbaren."

(Maria Montessori)

## Meine Kindheit

Geliebte Lisa,

ich weiß nicht wie es bei Dir ist, aber an meine sehr frühe Kindheit kann ich mich nur noch schemenhaft erinnern. Ein paar Begebenheiten aus dieser Zeit sind mir dennoch sehr genau im Gedächtnis hängen geblieben. Viel besser gelingt mir das Abrufen der alten Bilder und Begebenheiten zu dem, was sich etwa ab meinem fünften Lebensjahr ereignete. Wenn ich mir die wenigen, aus meiner frühesten Kindheit noch vorhandenen Fotos ansehe, muss diese Zeit aber sehr schön gewesen sein, denn die Bilder zeigen meistens ein sehr fröhliches Mädchen.

Meine Eltern gehörten zur sogenannten ›besseren Gesellschaft‹ und mein jüngerer Bruder und ich hatten einen großen Garten zur Verfügung, der sogar einen eigenen kleinen Spielplatz besaß. Obwohl deswegen meistens viele Kinder zu Besuch da waren, schwärmten wir gelegentlich aber auch hinaus in unsere Viertel, um dort jede Menge Unsinn zu treiben. Zu unserer großen Freude wurden wir ab und zu von unserem Vater, einem selbstständigen Architekten, mit auf Baustellen genommen. Das war natürlich noch viel interessanter, als draußen herumzustreunen, auch wenn wir dabei nie das Auto verlassen durften.

Papa, ein etwas stiller, in sich gekehrter, intellektueller Mann, war sehr viel unterwegs und wurde dabei meistens von unserer Mama begleitet. Im Gegensatz zu ihm, war sie eher extrovertiert und eine wahre Schönheit, die stets alle Blicke auf sich zog, sobald sie irgendwo erschien. Weil beide Eltern häufig abwesend waren, wohnte in unserem Haus auch noch eine Kinderfrau. Die erste, an die ich mich erinnere, war klein und moppelig und hatte ihre grauen Haare hinten zu einem Dutt gebunden. Meistens trug sie einen langen dunklen Rock und eine weiße Bluse. Sie hatte kräftige Arme und konnte ganz schön zupacken, aber gehauen hat sie uns nie damit. Stattdessen verwendete sie ihre Arme und Hände zu unserer großen Freude unermüdlich zum Streichen von riesigen Marmeladebroten, wenn wir mit hängenden Mägen zwischen unseren unzähligen Aktivitäten in die Küche stürzten und »Wir haben H u n g e r !« riefen.

Ab und zu besuchten wir mit Papa dessen Mutter, meine Omi Amanda, die in einem anderen Stadtteil wohnte. Papa hatte noch eine Schwester, Gisela, die zwar woanders arbeitete und wohnte, bei ihrer Mutter aber noch eine Wohnung hatte. Omi Amandas Haus war von einem alten, verwunschenen Garten umgeben, der voller Obstbäume, Brombeerhecken und Gemüsebeete war. Wenn wir in den Sommermonaten zu Besuch kamen, halfen wir Omi immer beim Pflücken und Ernten und sie kochte und buk allerlei leckere Sachen für uns.

Diese Idylle wurde jäh zerstört, als sich unsere Eltern scheiden ließen. Ich war damals gerade in der ersten Klasse und mein Bruder überhaupt noch nicht eingeschult. Von einem Tag auf den nächsten wurden wir in eine andere Gegend verpflanzt, denn meine Mutter hatte mit Sack und Pack unser schönes Heim und unseren Vater verlassen und verfrachtete alles hinaus in die Provinz. Dort, in einem abgelegenen Weiler, inmitten eines Waldes, lebten wir ein ganzes Jahr lang. Obwohl das für Kinder ein wahres Paradies war, brachte dieser Umstand für uns viele Entbehrungen mit sich, denn der sofort entbrannte Scheidungskrieg forderte seinen Tribut. In der Hoffnung, seine Frau zur Umkehr zu bewegen, drehte mein Vater erst einmal den Geldhahn zu und so mussten wir noch bescheidener leben, als die drei armen Bauernfamilien, die in diesem winzig kleinen Weiler unsere Nachbarn waren.

Der Weg in den nächsten Ort zum Einkaufen und in die Schule war gute zwei Kilometer lang. Weil wir nun kein Auto mehr und anfangs noch nicht einmal Fahrräder hatten, erinnere ich mich noch heute an lange Fußmärsche mit voll gepackten Taschen, Rucksäcken und Schulranzen. Als mein Bruder dann ebenfalls eingeschult wurde, fuhren wir im Winter oft gemeinsam mit dem Schlitten den Berg hinunter ins Dorf zur Schule, ansonsten mussten wir laufen.

Die folgenden Jahre waren geprägt durch ein unglaubliches Gezerre zwischen unseren bis aufs Messer zerstrittenen Eltern. Keiner der beiden scheute sich davor, dem anderen immer wieder eins auszuwischen. Dabei war ihnen jedes Mittel Recht, selbst wenn das auf dem Rücken von uns Kindern ausgetragen wurde.

Zu jener Zeit lernte ich zum ersten Mal in meinem Leben die Bedeutung von Psychoterror und gezielter Einschüchterung kennen. Die gerichtlich angeordneten Besuchstage bei meinem Vater lösten in mir manchmal regelrecht Schuldgefühle meiner Mutter gegenüber aus, so dass ich mich oft ins Klo einschloss, sobald der Wagen meines Vaters in den Hof fuhr. Mein noch kindliches Gemüt begriff diese Reaktion überhaupt nicht, denn ich liebte ihn sehr, konnte offenbar aber den ständigen Stress nicht ertragen, der sich jedes Mal mit diesen Besuchen verband.

Um des lieben Friedens Willen, teilte ich mich aber weder meinem Vater, noch meiner geliebten Omi Amanda, noch meiner Tante mit. Diese dachten ihrerseits vermutlich, dass auch ich meinen Vater ablehnen würde. So begann ein Kreislauf, aus dem es nie mehr ein Entrinnen geben sollte. Einmal holte unser enttäuschter, aber ab und an kampfeslustiger Vater seine beiden Sprösslinge zu einem Wochenendbesuch direkt aus der Dorfschule ab, ohne sich diesen Besuch zuvor ›genehmigen‹ zu lassen. Prompt schickte unsere ›aus Sorge‹ wütende Mutter ihrem Ex umgehend die Polizei hinterher, um dieser ›dreisten Entführung‹ ein rasches Ende zu bereiten. Das war auch das Ende der regelmäßigen Besuche bei meinem Vater. Ab sofort sah ich ihn und den Rest seiner Familie nur noch sehr selten, obwohl sie ja nur fünfzig Kilometer entfernt wohnten.

Von da an kämpfte unsere Mutter verzweifelt und mit allen Mitteln darum, wieder ein ›uns angemessenes‹ Leben führen zu können. Das Ganze fand Mitte der fünfziger Jahre statt, einer Zeit, die noch geprägt war von den Auswirkungen des verlorenen Krieges, von einem immensen Nachholbedarf wegen jahrelanger Entbehrungen und vor allem der Hoffnung, dass es bald allen besser gehen würde. Irgendwie hatte es unsere Mama dann geschafft, ihre eigene Mutter, meine Oma Trudi, aus dem Osten zu uns zu holen. Diese neue Unterstützung in unserem vaterlosen Haushalt ermöglichte es ihr endlich, arbeiten zu gehen. Die verbesserte finanzielle Lage führte dann auch gleich zu zwei Umzügen innerhalb weniger Jahre und damit auch zu erneuten Schulwechseln. So kam es, dass ich alleine die vier Jahre Volksschule in drei verschiedenen Schulen verbrachte.

Erst der Wechsel aufs Gymnasium führte zu einer gewissen Beständigkeit.

Meine Mutter verdiente einen Teil ihres Unterhalts durch Heimarbeit, was dazu führte, dass sie täglich unsere Hausaufgaben überwachen konnte. Weil sie nicht unbedingt zu den geduldigsten Menschen gehört, ging das manchmal nicht ohne Probleme ab und wenn ich nicht ›spurte‹, dann setzte es schon hin und wieder eine gehörige Tracht Prügel. Diese sich wiederholenden Bestrafungen führten nicht gerade dazu, dass ich großes Vertrauen zu meiner Mutter hatte – im Gegenteil. Die Angst vor ihr war manchmal so groß, dass ich meine kleinen und großen Missgeschicke lieber verschwieg oder vertuschte, als bei ihr Schutz zu suchen. Mit ungefähr fünf Jahren hatte ich mich einmal sehr im Gesicht verletzt und blutete aus der langen Schramme, die quer über meine Wange verlief. Als ich heulend ins Haus rannte, bekam ich, noch bevor man mit dem Pflaster hantierte oder mit mir zum Arzt ging, zu hören: »Wie konntest Du Dich nur so verunstalten?«

Eines Tages fing unser Hauswirt an, mich sexuell zu belästigen. Ich war damals ungefähr dreizehn. Dazu passte er mich meistens auf dem Schulweg nach dem Turnunterricht ab und bot mir ganz öffentlich und vor allen Leuten an, mich mit nach Hause zu nehmen. Da war ja auch nichts dabei, denn wir fuhren auch sonst des Öfteren mit seiner Frau und der kleinen Tochter mit. Wenn er mit mir alleine im Auto war, hatte er meistens plötzlich noch ›etwas zu erledigen‹ und machte dabei einen Abstecher in ein kleines Wäldchen. Dort fummelte er an meiner Scham herum, während er an sich selbst spielte. Damals hatte ich keinen blassen Schimmer, was das sollte, aber es war mir nicht nur unangenehm, sondern ich ahnte auch, dass das nicht in Ordnung war. Kurz bevor er mich vor dem Haus aussteigen ließ, bläute er mir stets ein, zu Hause ja nichts zu sagen. Vermutlich nahm ich an, dass er uns aus der Wohnung schmeißen würde, wenn ich petzte. Das Schwein hat genau gewusst, dass ich Angst vor meiner Mutter hatte und hat das genau einkalkuliert. Natürlich habe ich nichts gesagt und der ganze Spuk ging länger als ein Jahr und wurde erst dadurch beendet, dass ihm jemand auf die Schliche kam und ihn zur Rede stellte. Aus welchem Grund es damals nicht zu einer Anzeige kam, weiß ich bis heute nicht, aber er ließ mich danach in Ruhe.

Alles in allem hatte ich seit der Scheidung meiner Eltern keine glückliche Kindheit und Jugend mehr, denn diese waren geprägt durch Gehorsam, die Notwendigkeit immer etwas Sinnvolles tun zu müssen, ungezählte Kirchgänge und viel zu wenig Freiraum für die persönliche Entfaltung. Es ist schon traurig, aber manche Kinder werden von klein auf regelrecht zu Duckmäusern erzogen.

Dann, an einem sonnigen Herbsttag, ich war gerade fünfzehn geworden, nahm unsere Mutter mich und meinen Bruder zur Seite und teilte uns mit, dass unser Vater bei einem Autounfall ums Leben gekommen sei. Es war genau der Tag seiner Beerdigung und unsere Mutter erklärte uns, dass es für uns beide besser sei, wenn wir dort nicht hinführen, denn ›es wäre ja alles so furchtbar‹. Viel später wurde mir klar, dass sie offenbar nur keine Lust gehabt hatte, mit zu der verhassten ›Mischpoke‹ zu fahren, denn sie hätte uns ja schlecht alleine hinschicken können. Als Ersatz bekamen wir eine schmale, schwarze Armbinde aus glänzendem Satin an unsere dunkelblauen

Blazer montiert und wurden mit der Oma in die Kirche geschickt, um für unseren Vater zu beten.

Lisa, kannst Du Dir vorstellen, dass man Dich mit fünfzehn nicht zur Beerdigung Deines eigenen Vaters gehen lassen würde? Heute weiß ich, dass es schon für Erwachsene schwer ist zu begreifen, dass ein verstorbener, geliebter Mensch nie mehr zurückkommen wird, aber wie soll das erst einer Jugendlichen gelingen, wenn diese nie das offene Grab und den drin versenkten Sarg gesehen hat? Ich fürchte mich bis zum heutigen Tag davor, in die Stadt zu fahren, auf deren Friedhof er begraben liegt.

Erst mindestens ein Jahr später erfuhren wir Näheres über seinen Tod. Heute weiß ich nicht mehr, wer es mir sagte, aber es hieß, er wäre mit der ganzen Situation nicht mehr klar gekommen und hätte sich umgebracht. Offenbar war er mit hoher Geschwindigkeit und auf schnurgerader Straße ungebremst mit seinem Sportwagen gegen einen Baum geprallt.

Mit dem Tod meines Vaters hängt auch zusammen, dass ich damals nicht in die Tanzstunde durfte, denn genau zu der Zeit besuchte die ganze Klasse einen Tanzkurs. Da ›schickte‹ sich das mit der Tanzerei für mich nicht. Mein Bruder hatte das Glück, dass er etwas jünger war und dieses Problem zwei Jahre später nicht mehr bestand, aber da war ich dann zu alt um mitzutanzen, redete man mir jedenfalls ein: »Das lernst Du später schon ganz automatisch.« Was soll ich sagen, ich lernte es leider nie, denn alle meine Partner waren Tanzmuffel, aber was nicht ist, kann ja noch werden.

Wegen der ganzen Scheidungsumstände durften wir unseren Vater und Omi Amanda zwar nur sehr selten sehen und der Prozess der Entfremdung hatte längst begonnen, aber gefehlt hat mir mein Vater trotzdem vom ersten Tag an. Aus irgendeinem Grund hatten wir von ihm, Omi und unserer Tante so gut wie keine Fotos. In meinem Schreibtisch bewahre ich bis heute aber ein kleines Foto auf, das aufgenommen wurde, als ich ungefähr zehn Jahre alt war. Es zeigt meinen Vater, meinen Bruder Arno und mich auf einer Treppe sitzend. Er in der Mitte und in jedem Arm hält er eines seiner Kinder. Dieses Foto betrachte ich sehr oft. Es ist inzwischen furchtbar zerschunden und so blass geworden, dass nur noch Insider erkennen können, was es überhaupt darstellt. Andere Fotos existieren nicht mehr, weder von ihm, noch von Tante Gisela. Es kommt mir so vor, als hätte man diese Familie irgendwie gelöscht. Alle Erinnerungsstücke wanderten offenbar auf den Müll. Manchmal, wenn ich alte Dinge von damals vermisse, denke ich an den Krieg, den ich ja glücklicherweise nicht erlebt habe, und daran, welche Erinnerungen den Menschen damals alle genommen wurden. Von Dir habe ich auch nur Fotos aus der Jetztzeit, aber keine Kinderbilder. Ich habe immer gehofft, Du würdest mir einmal ein Kinderbild schicken, habe mich aber nie getraut, Dich danach zu fragen. Diese verdammten Schuldgefühle! Werde ich die denn jemals wieder los?

Ich schweife ab. Eigentlich wollte ich Dir ja von meiner Kindheit und Jugend erzählen. Nach dem Tod meines Vaters sahen wir Omi Amanda und Tante Gisela nur noch selten. Ich mochte meine Omi sehr. Sie war früher Direktorin eines Mädchengymnasiums und das in einer der ›vornehmsten‹ Städte, die es in Deutschland nach dem Krieg gab. Uns wurde erzählt, dass sie eine strenge, aber gerechte Lehrerin war. Das glaube ich gerne, denn sie nahm ihre Enkel ernst, behandelte sie stets respektvoll und sie wusste immer viele spannende Geschichten aus früheren Zeiten zu erzählen. Obwohl sich Omi Amanda stets bemühte, uns aus den Querelen der Erwachsenen herauszuhalten, war das Verhältnis zwischen den beiden Familien nicht wirklich unbeschwert. Sie starb fünf Jahre nach meinem Papa und auch von ihrem Tod erfuhren wir erst nach der Beerdigung. Zu dieser Zeit hatte ich gerade meine Ausbildung beendet und stand kurz davor, meine erste Stelle anzutreten. Völlig überflüssigerweise wurde in unserem Namen, denn wir waren ja noch minderjährig, auch noch ein Erbstreitigkeitsprozess gegen meine Tante Gisela angestrengt.

Das war dann das Ende der Beziehung zur Familie meines Vaters, bzw. von dem, was davon übrig geblieben war. Ich brach den Kontakt zu meiner Tante dann eher unbeabsichtigt ab, weil ich mich für diesen völlig absurden Gerichtsprozess und besonders für meine Mutter, bei der ich immer noch lebte, schämte. Der Prozess war sachlich wirklich nicht gerechtfertigt und ich mochte und bewunderte meine Tante doch immer sehr. Schon damals verkörperte sie das, was man heute eine emanzipierte Frau nennt. Sie hatte studiert, war eine kluge, vornehme Frau, die mehr durch ihre Eleganz und vornehme Zurückhaltung auffiel, als durch ein schillerndes Erscheinungsbild. Solange ich sie kannte, arbeitet sie als Redakteurin für ein großes politisches Magazin. Manchmal nahm sie uns mit ins Büro und dort konnte ich dann nach Herzenslust in den meterlangen Regalen mit allen möglichen Illustrierten stöbern. Es war ein richtiges Schlaraffenland für kleine Leseratten wie mich.

Ausgerechnet diese Frau war es, die Du liebe Lisa, damals im Glauben angerufen hast, sie sei Deine leibliche Mutter! Dass sie über Deinen Anruf ›geschockt‹ war, hatte zwei Gründe: Zum einen hatte sie keine Ahnung von Deiner Existenz, zum anderen hatte sie selbst ein sehr schmerzhaftes Erlebnis, denn als junge Frau hat sie nicht nur ein ungeborenes Baby verloren, sondern später auch noch ihren Verlobten durch einen Unfall. Meine Tante wusste deshalb nichts von Dir, weil ich damals keinen Kontakt zu ihr hatte. Aus den unterschiedlichsten Gründen habe ich nach Deiner Geburt fast zwanzig Jahre lang mit niemandem über Dich gesprochen, auch nicht mit ihr. Natürlich hat sie sofort Kontakt zu mir aufgenommen, aber unglücklicherweise waren wir gerade umgezogen und so erhielt sie nur eine Fehlermeldung am Telefon. Wegen der sowieso ›vergifteten‹ Gesamtsituation, schloss sie daraus, dass ich mich endgültig aus dem Staub gemacht habe. Nachdem ich ihr dann meine neue Adresse mitgeteilt hatte, erfuhr ich von Deinem Anruf. Damals hast Du ihr versprochen, Dich wieder zu melden, damit sie Dir meine Telefonnummer geben kann. Weil Du Dich aber nie mehr gemeldet hast, habe ich daraus geschlossen, dass Du eigentlich keinen Kontakt zu mir haben willst. Auch das war ein Grund, weshalb ich danach nie den Mut hatte, selbst nach Dir zu forschen.

Du siehst Lisa, es hängt manchmal von winzig kleinen Zufällen ab, wenn man die falschen Schlüsse zieht, und diese falschen Schlüsse führen dann eventuell zu richtig großen Irrtümern.

## Das Ende meiner Jugend

Meine liebe Lisa,

normalerweise endet die Jugend damit, dass man seine Ausbildung abgeschlossen hat und nun ins Berufsleben einsteigt oder man eine Familie gründet und sich aus den Fittichen der elterlichen Gewalt löst. Das findet heutzutage immer später statt. Zum Leidwesen mancher Eltern haben einige Kinder noch nicht einmal mit dreißig damit begonnen. In meinem Fall endete die Jugend sehr viel früher.

Eingeläutet wurde dieser Prozess dadurch, dass meine Mutter einen neuen Partner kennenlernte, der in einer anderen Stadt lebte und ein kleines Unternehmen hatte. Er war ein richtiger Adonis und ich konnte verstehen, dass sie gerne mit ihm zusammen war. Im Gegensatz zu ihr war er nie verheiratet gewesen und hatte auch keine Kinder. Ich mochte ihn nicht besonders, denn er war mir zu ›vornehm‹ und manchmal ganz schön streng, was vermutlich daran lag, dass er mit Halbwüchsigen nicht viel anfangen konnte. Vielleicht beschäftigte er sich mit uns nur deswegen, weil wir die Kinder der Frau waren, die er anbetete. Auf jede Störung dieser Idylle reagierte er mit ›Maßnahmen‹. Diese bestanden mindestens aus Hausarrest und arteten nicht selten auch in saftige Ohrfeigen aus.

Es folgte der Umzug in ›seine‹ Stadt, die dummerweise auch noch in einem anderen Bundesland lag. Durch diesen erneuten Schulwechsel ergaben sich nun auch noch massive Schulprobleme, denn das neue Gymnasium war ein ganz anderer Typ und der Stoff passte überhaupt nicht zu dem jener Schule, auf die wir bisher gegangen waren. Für mich war das inzwischen der fünfte Schulwechsel seit der Einschulung und ich war zu diesem Zeitpunkt gerade einmal sechzehn Jahre alt. Ganz davon abgesehen, dass solche ständigen Wechsel nicht wirklich förderlich für die schulischen Leistungen sein können, war es für unsere soziale Entwicklung eine Katastrophe, denn dauerhafte Schulfreundschaften konnten sich so nur sehr schwer entwickeln und später aufrecht erhalten werden. Heute, im Internetzeitalter, ist das sicher nicht mehr ein so großes Problem, damals aber schon. Mir hat vor ein paar Jahren einmal ein Freund, mit dem ich gerade eine kleine Malaise hatte, vorgeworfen, ich hätte ja ›kaum‹ Freunde. Damals war mir das erst so richtig bewusst geworden. Natürlich hatte ich Freunde, aber man konnte sie 1:1 meinen Lebensjahren zuordnen, so wie man ›einen Picasso‹ anhand der Farben der Schaffensperiode seines Schöpfers zuweisen kann.

Da unser neues Zuhause in der Nähe einer größeren Stadt lag, nutze meine zielstrebige Mutter nun diese Gelegenheit, sich auch beruflich zu verbessern, denn bisher hatte sie unseretwegen hauptsächlich nur halbtags arbeiten können. Fortan war sie oft den ganzen Tag aus dem Haus und da meine Oma nicht mit umgezogen war, waren wir nach der Schule uns selbst überlassen. So kam es, dass sich das neue Familienleben, trotz des Vorhandenseins eines ›Vaters‹, nicht wirklich zum Besseren entwickelte und auch für die schulische Entwicklung war das nicht gerade förderlich. Mein Bruder war ein ›fauler Hund‹, der lieber draußen herumlungerte und ich war zwar fleißig im Lernen, kam aber mit der neuen Schule überhaupt nicht zurecht, da ich früher andere Fächer als Schwerpunkt gehabt hatte. Die Folge davon waren wieder einmal ›erzieherische‹ Maßnahmen wie Stubenarrest. Wenn dieser nicht verhängt war, ging auch ich lieber ins Schwimmbad, anstatt mich mit Hausaufgaben, die meiner Entwicklungsstufe nicht gerecht waren, herumzuplagen.

Gefördert wurde unser ›Fehlverhalten‹ auch dadurch, dass damals eine unglaublich aufregende Zeit war. Die Jugend hatte das Haschisch entdeckt und die RAF schockierte die Gesellschaft durch immer neue Terroranschläge. Obwohl wir beide in derselben Familie aufwuchsen, in dieselbe Schule gingen und zunächst auch dieselben Freunde hatten, waren die Auswirkungen von all dem sehr unterschiedlich. Während ich zum Beispiel nie Geschmack am Rauchen gefunden habe, probierte mein jüngerer Bruder die ganze Palette an rauchbaren Kräutern durch. Vereint sahen wir uns dagegen in der Veranlagung zum Rebellen, auch wenn ich zeitlebens eher die weichgespülte Variante bevorzugte, während sich mein Brüderlein mit seinen fünfzehn Jahren gerne im Dunstkreis der RAF-Sympathisanten herumtrieb und das unglaublich toll fand.

Im zweiten Sommer in unserer neuen Heimat habe ich dann im Schwimmbad Deinen Vater Wolfgang kennen gelernt. Er ging zwar nicht in unsere Schule, sondern besuchte eine Privatschule in der nahen Stadt, aber irgendwann war er einfach in unserer Clique mit dabei. Wir haben uns sofort unsterblich ineinander verliebt. Er war meine erste richtig große Liebe, von den paar Schwärmereien einmal abgesehen, die ich in den Jahren davor durchlebte. Zu Wolfgang hatte ich gleich Vertrauen, mit ihm konnte ich über alles reden und er war mir in Vielem einen großen Schritt voraus, obwohl er nur wenig älter war als ich. Seine Eltern besaßen einen kleinen Handwerksbetrieb, den seit kurzem sein älterer Bruder leitete, weil der Vater gerade verstorben war.

Ach, was waren wir verliebt! Es verging kaum ein Tag, an dem wir uns nicht sahen. Wenn das Wetter zu kalt für das Schwimmbad war, fuhren wir oft mit der Tram in die Stadt und lungerten dort an allen möglichen Orten herum. Da traf es sich ganz gut, dass auch mein Bruder seine eigenen Wege gehen wollte. Dadurch konnten wir uns gegenseitig Deckung verschaffen, denn wenn unsere Alleingänge aufgeflogen wären, hätte das ordentliche Strafen bedeutet. Manchmal marschierten Wolfgang und ich hinauf zum Schloss und blickten von der großen Terrasse runter zum Fluss und malten uns aus, wohin die Frachtkähne denn wohl fahren würden.

Es waren wunderschön romantische Wochen aber der Herbst beendete dieses freie Leben und brachte die ersten massiven Probleme, denn ich musste spätestens bei Einbruch der Dämmerung zu Hause sein. Dadurch reduzierten sich auch die Stunden, die ich mit Wolfgang verbringen konnte, ganz beträchtlich, weil er nicht so oft zu mir nach Hause kommen konnte. Wir mussten ihn ohnehin als Freund meines Bruders ausgeben, um keinen Ärger zu bekommen. Der Lebensgefährte meiner Mutter hatte wenig Verständnis für pubertierende Jugendliche, es sei denn, sie machten genau das, was er wollte.

Ich litt sehr unter diesen Zeiten ohne Wolfgang, denn er war der einzige Mensch, bei dem ich mich endlich einmal richtig geborgen fühlte. Mit ihm konnte ich über alles reden, was mich beschäftigte und auch in schulischen Dingen ergänzten wir uns, denn wir gingen in völlig unterschiedliche Schultypen und das, was der eine nicht wusste, steuerte der andere bei. In zwei Jahren wollten wir das Abitur machen und danach vielleicht irgendwo gemeinsam ein Studium oder eine Ausbildung beginnen. Mein Traum war immer noch die Architektur, weil ich schon als kleines Mädchen im Büro meines Vaters gesessen und ihm nachgeeifert hatte. Es kam aber alles ganz anders.

Bei mir zu Hause konnten wir also offiziell nicht sein und so kam Wolfgang eben heimlich zu mir – durch den Hintereingang – nachts, wenn alle schliefen. Dann schlich er sich durch den Garten in mein Zimmer, was kein Kunststück war, da dieses direkt auf die Terrasse führte. In dieser Zeit kamen wir uns ›natürlich‹ auch sexuell näher und nach anfänglichen, harmlosen Spielchen, hatten wir auch den ersten Geschlechtsverkehr. Das Ganze passierte immer bei mir zu Hause in meinem Zimmer. Es war für mich eine ganz neue Erfahrung von körperlicher Nähe und es gefiel mir. Ich fühlte mich so geborgen wie nie zuvor in meinem Leben. Wolfgang ging es ebenso, und dieses neue Erlebnis machte uns zu Verbündeten, die einen ganz besonderen Schatz zu bewahren hatten. In einer dieser verbotenen Nächte bist Du in unser Leben getreten, Lisa.

Leider hatten wir beide nicht viel Ahnung von Verhütung, denn Aufklärung war damals in der Schule noch nicht ›in‹ und meine Mutter hatte dieses Problem dadurch gelöst, dass sie ihrer Tochter einfach verboten hatte, bei Dunkelheit das Haus zu verlassen. So kam es, dass ich so gut wie gar nicht aufgeklärt war und Wolfgang dieses Thema offenbar auch nicht ernst nahm. Eigentlich weiß ich bis heute nicht, ob er überhaupt wusste, in welche ›Gefahr‹ wir uns da begeben hatten.

Man schrieb das Jahr 1968 – ein Jahr diverser Katastrophen, die sich sicher bei allen, die das damals erlebt haben, ins Gedächtnis eingebrannt haben: der ›Prager Frühling‹, die Ermordung von Robert Kennedy und Martin Luther King, oder der Wahlsieg Richard Nixons sowie andere Begebenheiten. Wir beide fügten unsere eigene Katastrophe hinzu.

So kam das, was kommen musste. Ausgerechnet in der friedlichen Adventszeit ahnte ich, dass ich schwanger war, denn meine Periode war schon sechs Wochen lang ausgeblieben. Ich kann Dir heute nicht mehr sagen, ob ich je von morgendlicher Übelkeit geplagt war, aber ich kann Dir versichern, dass ich panische Angst vor meiner Mutter und deren Lebensgefährten hatte. Nicht nur mir, sondern auch Wolfgang war klar, dass ich bei mir zu Hause nicht auf einen Funken von Verständnis hoffen konnte, denn ich bekam ja schon wegen weit geringerer ›Vergehen‹ Höchststrafen. Dein Vater hatte zwar ein gutes Verhältnis zu seiner eigenen Familie, aber höchsten Respekt vor meinen Leuten. Wir waren beide noch unreif und mit dieser Situation völlig überfordert. Das wunderschöne Zusammengehörigkeitsgefühl, das uns wochenlang verbunden hatte, war einer lähmenden Angst gewichen.

## Gemeinsam einsam – schwanger

Liebe Lisa,

in den Jahren, als wir noch keinen Kontakt hatten, gab es eine Zeit, in welcher ich das ganze Internet nach Informationen abgesucht habe, wie sich mütterlicher Stress während der Schwangerschaft auf die Entwicklung des Fötus auswirkt. Ich hatte diesbezüglich etwas gelesen und bekam panische Angst, dass Deine seelische Entwicklung durch mich und meinen Stress vielleicht einen Schaden davongetragen haben könnte. Aber lies selbst, warum ich mir später diese Sorgen machte …

So sehr wir Dich eigentlich mit dem Herzen begrüßten, so unglaublich fremd war uns dieser Gedanke und darum schwiegen wir erst einmal alles tot. Wir hofften inständig, dass uns etwas Brauchbares einfallen würde oder, dass sich unsere Probleme wie durch Zauberhand von selbst lösen würden. Als sich diese Zaubermächte aber partout nicht einstellen wollten und die Tage und mittlerweile bereits Wochen, wie im Fluge vergingen, waren wir gezwungen zu handeln.

Obwohl wir beide durchaus dazu bereit gewesen wären ein Kind aufzuziehen, es war ja schließlich das Ergebnis unserer großen Liebe, wussten wir doch, dass wir viel zu jung für eine Familiengründung waren. Vom Abitur waren wir noch fast zwei Jahre entfernt und auch sonst standen die Sterne nicht gerade günstig. Als unsere unzähligen Rechenexempel sowie zwei heimliche Schwangerschaftstests nur immer wieder die Bestätigung brachten, dass wir Eltern wurden, nahm das Drama erst so richtig seinen Lauf. Endlich fingen wir damit an, uns konkrete Gedanken zu machen. Wir zogen einfach alles in Erwägung. Einmal kratzten wir unser ganzes Taschengeld zusammen und fuhren mit der Bahn in eine entfernte Stadt zu einem Arzt, der angeblich heimlich Pillen verschrieb, die eine Schwangerschaft abbrechen würden. Der klärte uns gleich einmal auf, dass solche Pillen nur wirken, wenn man diese in den ersten Tagen der Schwangerschaft einnehmen würde. Ich war damals aber bereits mindestens im dritten Monat.

Einerseits am Boden zerstört, andererseits froh, dass ›es‹ nicht mehr ging, kehrten wir zurück nach Hause. Die folgenden Wochen waren geprägt von purer Angst. Angst, Angst und noch einmal Angst. Dein Vater drängte mich sanft, meine Mutter einzuweihen und ich wehrte diesen Rat täglich aufs Neue ab, weil ich wusste, was mir blühen würde.

Bei mir zu Hause bemerkte kein Mensch die Veränderungen, die mit, in und an mir vorgingen. Obwohl ich ja ein sehr schlankes Mädchen war, das am liebsten Hosen anhatte, wunderte sich niemand, als ich plötzlich nur noch Schlabberkleider und weite Pullover trug. Keiner, aber auch gar keine einzige Person sprach mich darauf an. Es gab Tage, da wünschte ich, dass wenigstens die Turnlehrerein in der Schule etwas sagen und mich so von meinen Qualen erlösen würde. Aber auch zu ihr hatte ich kein Vertrauen, denn ich kannte sie ja kaum.

Als der Sommer nahte und die Schwimmbadzeit begann, konnte ich schon nicht mehr mitgehen. Mein Bauch war inzwischen so angewachsen, dass ich meine Badesachen nur noch in einer Tasche um die Schultern im Park herum trug oder am Ufer des Flusses saß und den Schiffen nachblickte. Ich war so hilflos und verlassen, wie man nur in einer Wüste ohne Menschen sein konnte. Gewissermaßen befand ich mich ja auch in einer Wüste, denn selbst in meiner nächsten Umgebung nahm keiner Notiz von dem Drama, das sich da anbahnte. Da lebten mehrere Menschen zusammen unter einem Dach, nahmen jeden Tag am gleichen Tisch ihr Essen ein und sahen einfach über meinen kontinuierlich anwachsenden Bauch hinweg!

Ich selbst nahm meine Umwelt schon längst kaum mehr wahr. Jeden Tag ging ich in die Schule, machte am Nachmittag brav meine Hausaufgaben und vermied es ansonsten, das Haus überhaupt zu verlassen. Aus heutiger Sicht kommt es mir so vor, als ob ich auf den Tod gewartet hätte. Ich war ja auch bei keinem Arzt gewesen, denn dazu hätte ich die Unterschrift meiner Mutter benötigt.

Kurz vor den Sommerferien, als ich bereits im achten Monat war, machte ich sogar noch die Bundesjugendspiele mit. Ich gab, was ich geben konnte, rannte wie eine Blöde, sprang wie ein Mehlsack in die Weitsprunggrube und hoffte inständig, dass ich dabei zusammenbrechen möge. Es geschah nichts. Völlig fertig kam ich später zu Hause an, duschte mich heiß ab und legte mich ins Bett. Ich wollte nur noch schlafen – oder sterben. Ich betete, dass irgendjemand doch endlich einmal etwas merken möge. Bis heute ist es mir absolut unerklärlich, dass wirklich niemand etwas gemerkt haben will. Weder meine bigotte Oma, die ständig in die Kirche rannte, noch die Nachbarn, noch die Lehrer in der Schule, ja selbst meine engste Familie nicht! Vielleicht ist durch all die Ignoranz bei mir dieser ungeheure Gerechtigkeitssinn entstanden, der mich begleitet, seit ich denken kann.

Als Krönung meiner heimlichen Schwangerschaft wurden wir dann auch noch für die gesamten Sommerferien auf einen Bauernhof in den Bergen gebracht. Meine Mutter fuhr uns mit dem Auto hin. Sie selbst wollte nur ein paar Tage bleiben, danach heimfahren um uns erst am Ende der Ferien wieder einzusammeln, aber es kam anders. Am Tag nach unserer Ankunft, ich lag gerade in einem bequemen Liegestuhl unter einem alten Apfelbaum und las ein Buch, kam sie auf mich zu. Sie stellte nur eine kurze Frage: »Bist Du schwanger?« und ich antwortete ebenso knapp: »Ja.«

Nachdem dies endlich geklärt war, herrschte sie mich an aufzustehen und mit nach oben zu kommen. Was sie mich dann alles fragte oder was sie alles sagte, habe ich nicht gehört oder inzwischen vergessen. Für mich ging ein Alptraum zu Ende und das, was nun kam, konnte nicht schlimmer sein – dachte ich.

Weder mit den Bauersleuten, die es ja schließlich waren, die meiner Mutter endlich die Augen geöffnet hatten, noch innerhalb meiner eigenen Familie, wurde ein Wort über meinen Zustand gesprochen. Wir saßen am Tisch und nahmen das Essen ein und keiner wagte, auch nur einen Ton zu sagen. Am nächsten Morgen packte mich meine Mutter ins Auto und wir fuhren zurück nach Hause.

# Deine Geburt

Lisa,

Du bist selbst Mutter und weißt deswegen vermutlich, dass jede Geburt nicht nur mit großer Freude, sondern in der Regel auch mit heftigen Schmerzen verbunden ist und meistens überwiegt am Ende die Freude. Bei mir war das im Prinzip nicht anders, aber die glückseligen Momente dauerten bei mir nur wenige Stunden an, der Rest gehört in die Kategorie Alptraum.

Es begann bereits damit, wie mich der Lebensgefährte meiner Mutter (er war noch nicht einmal mein Stiefvater, denn sie waren ja nicht verheiratet!), nach unserer vorzeitigen Rückkehr aus den Ferien empfangen hat. Als erstes schrie er mich an, nannte mich ›undankbar‹, ein ›Flittchen‹, verwies mich ›seines‹ Hauses, ›wenn das hier rum ist‹, und war einem Herzinfarkt nahe. Mein Essen musste ich unten in meinem Zimmer einnehmen, er wollte mich im oberen Stockwerk nicht mehr sehen.

Am folgenden Tag hatten sie offenbar wieder alles voll im Griff. Zuerst wurde ich von meiner eigenen Mutter, mitten im Hochsommer, in einen weiten, dunkelblauen Nylonregenmantel gehüllt und zum Arzt gebracht. Sie hatte wohl panische Angst davor, dass die Nachbarn etwas von dieser Schande mitbekommen. Komisch nur, dass sie sich darüber noch zwei Tage zuvor, als wir in den Urlaub aufgebrochen waren, nicht die geringsten Gedanken gemacht hatten – mein Bauch war zu diesem Zeitpunkt sicher keinen Zentimeter flacher. Der Arzt, Inhaber einer kleinen Privatklinik in einem größeren Nachbarort, stellte bei der ersten gynäkologischen Untersuchung meines Lebens fest, dass der Zeitpunkt der Geburt wohl nicht mehr weit entfernt sein würde. »So etwa in zwei Wochen«, teilte er meiner Mutter mit.

So lange wollte diese aber auf gar keinen Fall warten. Mit einer festen, beinahe befehlenden Stimme, forderte sie ihn auf, die Geburt schnellstens einzuleiten, da sonst der Schaden für ihre Tochter nur noch größer würde. Es folgte im Besprechungszimmer eine kurze Unterredung – ohne mich, während ich mich im Untersuchungsraum wieder anzog. Als ich fertig war, wurde ich darüber informiert, dass ich am nächsten Morgen um neun Uhr auf die Station kommen solle. Meine Mutter hatte sich durchgesetzt, damit dieses unerfreuliche Ereignis möglichst schnell in ihrem Sinne abgeschlossen werden könne und nicht etwa doch noch jemand Wind davon bekäme. Dass der Arzt das überhaupt mitgemacht hatte, lag vermutlich daran, dass er wohl dachte, mir so dazu zu verhelfen, dass ich nach den Ferien gleich wieder in die Schule gehen konnte, um nichts vom Unterricht zu versäumen. Zu diesem Zeitpunkt war von Adoption nicht die Rede.

Als wir das Sprechzimmer verließen und mir meine Mutter wieder den Nylonmantel überhängen wollte, meinte der Arzt: »Lassen sie den lieber weg, sonst erstickt ihre Tochter noch darin. Draußen sind mindestens dreißig Grad Hitze!«

Zu Hause angekommen, musste ich sofort in mein Zimmer abtauchen und durfte dieses bis zum nächsten Morgen nicht mehr verlassen. Ich hätte so gerne meinen Wolfgang angerufen oder wäre zu ihm gefahren, aber die Familie Deines Vaters wurde durch meine Mutter informiert. Zu ihm selbst wurde mir der Kontakt verboten. Am nächsten Morgen erschienen wir pünktlich in der Klinik. Eine etwas ältere, gemütlich aussehende Krankenschwester empfing uns und führte uns zu meinem Zimmer. Noch bevor ich zur Untersuchung zum Arzt musste, verabschiedete sich meine Mutter wieder. Sie fuhr wie gewohnt zur Arbeit und danach zu meiner Oma Trudi, Deiner Urgroßmutter, die an genau diesem Tag ihren einundsiebzigsten Geburtstag feierte.

Der Arzt gab mir dann die nötigen Spritzen und Infusionen und ich wartete alleine in meinem Bett auf Deine Ankunft. In regelmäßigen Abständen kam die Hebamme herein um nach mir zu sehen und ab und zu kam der Arzt selbst. Von den Schmerzen, die ich hatte, weiß ich nicht mehr viel. Mit zusammengebissenen Zähnen und stoischer Ruhe habe ich alles getan, was man mir sagte. Um die Mittagszeit wurde es plötzlich sehr warm um meine Beine herum und ich dachte, ich hätte in die Hose gemacht. Alles war nass. Als die Hebamme erschien, klärte sie mich kurz auf, dass die Fruchtblase geplatzt sei und es jetzt losgehen würde. Was dann alles ›los ging‹, habe ich mehr oder weniger aus meinem Gedächtnis gestrichen. Ich weiß es nicht mehr. Mir tat alles furchtbar weh und ich hatte keine Ahnung, ob ich da jemals wieder lebend heraus kommen würde.

Am späten Nachmittag, ich war inzwischen im Kreißsaal, wurde es plötzlich hektisch um mich herum und man setzte mir eine Maske auf und sagte dabei, dass das Lachgas wäre und ich jetzt nicht mehr viel spüren würde. Während ich mir so vorkam, als ob ich wie ein Wirbelwind durch eine Röhre gezogen wurde, verspürte ich wieder dieses warme Gefühl zwischen meinen Beinen und dann hörte ich Dich ganz von Ferne schreien. Ich wusste, dass jetzt alles vorbei war. Was dann mit mir geschah, habe ich nicht mehr mitbekommen. Aufgewacht bin ich erst wieder in meinem Bett und in meinem Schritt tat alles weh. Später sagte man mir, dass man mich hat ›nähen‹ müssen.

Nachdem ich etwas zu Essen und zu Trinken bekommen hatte, brachte man Dich zu mir. »Es ist ein wirklich hübsches Mädchen«, sagten sie und ich dankte dem lieben Gott, dass ›es‹ gesund war, denn ich hatte diesem kleinen Wesen, das da in meinem Bauch heranwuchs, ja weiß Gott viel zugemutet. Als Du in meinen Armen lagst, war ich der glücklichste Mensch auf der Welt – wenigstens für ein paar Stunden. Du warst ein sehr schönes Baby und alle Schwestern standen um uns herum und freuten sich über den neuen Erdenbürger. Ganz stolz hielt ich naive Gans Dich im Arm. Nie hätte ich in diesen Minuten geglaubt, dass man Dich mir wieder wegnehmen könnte. Von der Adoptionsidee wusste ich bis dahin immer noch nichts.

Am Abend kam meine ›fürsorgliche‹ Mutter in die Klinik und sah nach dem Rechten. Als sie aus dem Säuglingszimmer zurück war, wo sie Dich begutachtet hatte, war sie ganz entzückt darüber, wie niedlich Du doch aussehen würdest. Einen Namen hatte sie sich auch schon für Dich ausgedacht und den teilte sie mir gleich voller Begeisterung mit. Ich war wahnsinnig froh, dass sie so positiv auf Dich reagierte und deswegen sagte ich ihr nicht, dass ich eigentlich einen ganz anderen Namen im Sinn hätte. Auf gar keinen Fall wollte ich sie verärgern, denn ich war überzeugt davon, dass auch sie nun versöhnt war wegen meiner Schwangerschaft und Stress konnte ich jetzt auch nicht vertragen. Heute bin ich richtig froh darüber, dass sie damals den Namen bestimmt hatte, denn diesen ›falschen‹ Namen haben

Dir Deine neuen Eltern ja sowieso gleich wieder weggenommen und ihn gegen einen selbst gewählten ausgetauscht. Diese Tatsache hätte mich viel mehr geschmerzt, hätte man Dir einen Namen weggenommen, den ich für Dich liebevoll ausgesucht hatte. Erst kürzlich habe ich erfahren, dass die Änderung des Vornamens im Adoptionsrecht gar nicht vorgesehen ist. Sie erfolgt nur in besonderen Fällen zum Schutz der Kinder oder dann, wenn die Adoptiveltern dazu extra einen Antrag stellen. Heute ist das jedenfalls so, wie es damals war, entzieht sich meiner Kenntnis.

Nachdem das mit dem Kindsnamen im Sinne meiner Mutter geklärt war, verabschiedete sie sich von mir, wünschte eine gute Nacht und kündigte an, dass sie am nächsten Nachmittag wiederkommen würde.

Der folgende Morgen sah für mich nicht schlecht aus. Mir ging es schon wieder ganz gut, das Frühstück hatte mir gut getan und danach brachte man Dich wieder zu mir ans Bett. Ich durfte Dir das Fläschchen geben und ich kann mich nicht daran erinnern, dass es irgendwelche Probleme mit dem Füttern gab. Bis zu diesem Moment war mir überhaupt nicht aufgefallen, dass man mit mir nie über ein Stillen gesprochen hatte.

Nachdem Dich die Hebamme wieder zum Schlafen weggebracht hatte, kam der Arzt zur Untersuchung. Er war sehr zufrieden und erlaubte mir, aufzustehen und ein wenig umherzugehen, aber ich sollte nicht duschen, damit sich die Wunde ›da unten‹ nicht entzündete.

Später, als ich wieder im Bett saß, bekam ich Besuch von Deinem Vater und dessen Mutter. Sie waren noch am Abend zuvor von meiner Mutter über die Geburt informiert worden. So schlimm für Wolfgangs Mutter diese Tatsache auch war, weil sie absolut keine Ahnung von dem hatte, was sich da im Geheimen monatelang abspielte, so sehr freute sie sich über Dich. Für sie war klar, dass Du nun das neueste Familienmitglied bist. Leider kann ich mich nicht mehr genau daran erinnern, was wir alles besprochen haben, aber Wolfgangs Mutter bot uns an, dass wir samt Baby bei ihr wohnen könnten, denn sie wäre ja den ganzen Tag zu Hause, während meine Mutter arbeiten gehe und wir in die Schule müssten. Außerdem gab es auch noch die beiden kleinen Töchter ihres anderen Sohnes, die ebenfalls im Haus wohnten. Diese Lösung fanden wir alle praktisch und es schien so, dass nun doch alles gut werden würde. Als sie gingen, fiel es ihnen sichtlich schwer, sich von Dir zu verabschieden und Dein Vater war unglaublich glücklich und stolz. Gleich am nächsten Tag wollte er wiederkommen.

Nachmittags kam die Tochter des Arztes, der ja auch der Klinikleiter war, zu Besuch in mein Zimmer. Sie war etwas älter, ging in dasselbe Gymnasium wie ich und hatte gerade vor ein paar Monaten ihr eigenes Kind bekommen – ebenfalls ungeplant. Es ist wohl ein Zeichen dieser vergangenen Zeit, dass selbst Kinder von Gynäkologen nicht richtig aufgeklärt waren. Sie erzählte mir, wie toll es mit dem Baby wäre und dass sie nächstes Jahr ihr Abi nachholen wolle. Als die Hebamme Dich dann auch noch brachte, war ich richtig glücklich. Ich wusste, dass für mich jetzt ein neues Leben anfangen würde und als nachmittags meine Mutter kam, erzählte ich ihr gleich von allen Neuigkeiten.

Ihr zunächst strahlendes Gesicht versteinerte sich umgehend, sie stand auf und verließ das Zimmer. Als sie nach einer Weile zurück kam, wurde ich erst einmal übel beschimpft, was mir denn so alles einfiele und wovon ich denn überhaupt leben wolle, denn sie würde keinen Pfennig für dieses Kind bezahlen und sie würde es nicht zulassen, dass ihre Tochter bei anderen Leuten wohnen würde, schließlich sei sie ja noch die Mutter ...

Als sie sich einigermaßen beruhigt hatte, malte sie mir meine Zukunft aus. Vor mir entstand das Bild von einem Leben in Not und Elend und ich hatte gleich wieder Angst. Danach klärte sie mich darüber auf, dass am nächsten Tag eine Frau vom Jugendamt käme, die mich über eine Adoption aufklären würde, denn etwas anderes käme überhaupt nicht in Frage. Noch heute Abend würde sie Deinem Vater sagen, dass er mich nicht mehr besuchen darf, denn sein Einfluss auf mich sei ja wohl denkbar ungünstig. Außerdem hätten wir ihr ja schließlich schon genug Ärger bereitet. Bevor sie mein Zimmer verließ, erklärte sie mir noch einmal, dass es überhaupt nicht in Frage käme, Dich zu behalten, dafür werde sie schon sorgen.

»Das kannst Du Dir aus dem Kopf schlagen!«, fügte sie noch mit einer Bestimmtheit zu, die bei mir keine Zweifel an ihrer Entschlossenheit zuließen.

Du bist zeitlebens
für das verantwortlich,
was du Dir vertraut
gemacht hast.

## Der Abschied

Liebste Lisa,

das hier wird für Dich vermutlich das schlimmste Kapitel. Wahrscheinlich kannst Du nicht verstehen, dass ich mich damals nicht nur in meinem Herzen gegen die Adoption gewehrt habe. Das ist genau der Punkt: ich hatte keine Kraft mehr. Möge Dich der Himmel immer davor bewahren, jemals so willenlos zu sein, wie ich es damals war. Es ist absolut erbärmlich, wenn ein Mensch derart bevormundet, klein gemacht oder gar erniedrigt wird und es gibt dafür in meinen Augen nicht die geringste Entschuldigung.

Doch lies bitte weiter, was damals alles geschah.

Nachdem meine Mutter gegangen war, heulte ich wie ein Schlosshund in meine Kissen. Keiner kam herein und ich schämte mich, das Zimmer zu verlassen. Als die Hebamme später nach mir sah, sagte sie nur: »Ihre Mutter hat uns gesagt, dass es besser sei, wenn wir Ihnen das Baby nicht mehr bringen, damit Sie sich nicht zu sehr daran gewöhnen – wo Sie es doch zur Adoption freigeben wollen.« Sie sagte nicht mehr ›Ihr Kind‹ oder ›Ihre Tochter‹, sondern ›das Baby‹.

»Wollen?«, dachte ich entsetzt. Ich war wie vor den Kopf gestoßen und brachte kein Wort heraus. Innerhalb der letzten Stunde war ich schon beinahe apathisch, doch nun hatte mich endgültig die gleiche Lethargie erfasst, wie in den Monaten zuvor. Ich war nicht in der Lage, dieser Frau auf der Stelle zu sagen, dass ich das doch überhaupt nicht will.

In den Tagen bis zu unserer Entlassung besuchte mich außer meiner Mutter niemand mehr, den ich kannte, und im Krankenhaus redete kaum noch jemand vom Personal ein persönliches Wort mit mir, denn alle waren irgendwie hilflos. Außer mir gab es nur noch zwei andere Mütter auf der Station, die ich manchmal auf dem Gang traf, wenn ich ins Bad musste, aber auch mit denen kam kein Gespräch zustande, denn das, was passiert war, hatte sich offenbar herumgesprochen.

An einem der nachfolgenden Tage erschien dann die Frau vom Jugendamt bei mir im Zimmer und nahm die Daten Deiner Geburt auf, fragte mich nach dem Namen des Vaters und sagte mir, dass das Jugendamt Dein Vormund sei. Sie begrüßte die Entscheidung, dass wir Dich zur Adoption freigegeben wollten ausdrücklich, denn so würde Dir wenigstens ein schönes Leben in einer ›richtigen‹ Familie ermöglicht und ich müsse mir mein Leben nicht versauen. Und dann folgte noch eine ganze Litanei ›vernünftiger‹ Ratschläge.

Genau genommen, kann ich mich an fast nichts mehr erinnern, was sie gesagt hat, aber ich weiß ganz genau, dass sie mich nicht fragte, ob sie mir irgendwie helfen könne. Warum auch, es war ja inzwischen schon alles bestens geregelt. Zum Schluss übergab sie mir noch einen Stapel Papiere und sagte mir, dass ich mich innerhalb der kommenden Wochen im Jugendamt melden soll. Dann reichte sie mir die Hand, drehte sich um und verschwand.

Erst am Tag unserer Entlassung habe ich Dich wieder gesehen. Wie durch eine Milchglasscheibe habe ich zugesehen, wie Dir die Hebamme die Sachen anzog, die meine Mutter mitgebracht hatte und wie die beiden

38

Dich dann in den Tragkorb legten. Du hast ganz zufrieden ausgesehen und uns alle mit wachen Augen angeschaut. Meine Mutter, Deine Oma, hatte für das Personal eine Tüte voller Geschenke mitgebracht und nachdem diese verteilt waren, haben wir uns verabschiedet und sind zum Auto gegangen. Sie hatte zuvor schon meine Tasche in den Kofferraum gestellt, sodass ich nun all die Sachen tragen konnte, die man uns für Dich mitgegeben hatte.

Wie versteinert saß ich auf dem Beifahrersitz, während Du auf der Rückbank friedlich in Deinem Körbchen gelegen hast. Auf meinem Schoß lag der Karton mit den Fertignahrungsmustern, die mir die Krankenschwester in die Hand gedrückt hatte. Schon damals bekamen die frischgebackenen Mütter von dem Hersteller diese Werbepackungen nachgeschmissen, damit sie sich möglichst schnell für die bequeme Art der Babyernährung entscheiden mögen.

Ohne viel mit mir zu reden, lenkte Deine Oma ihr Auto zu der Ortschaft, in welcher sich das private Babyheim befand, in dem sie für Dich einen Platz gefunden hatte. Das Heim war bestimmt mit Bedacht ausgewählt worden, denn es lag draußen auf dem Land, weit genug weg von unserem Haus, und war mit öffentlichen Verkehrsmitteln nur schwer zu erreichen. Ein Gespräch kam während der Fahrt kaum zustande, denn sie hatte sicher ein schlechtes Gewissen und wollte unbedingt vermeiden, dass ihre eingeschüchterte Tochter doch noch einen letzten Rest von Mut aufbringen würde, sich gegen dieses Vorhaben aufzulehnen. Mir fehlte aber nicht nur der Mut dazu, sondern auch die Kraft, mit ihr eine Diskussion zu beginnen, denn ich wusste auch, dass der Hausherr zu Hause getobt hätte, wären wir unverrichteter Dinge wieder zurück gekommen.

Am Ziel angekommen, wurden wir von der Frau, die das Babyheim leitete, besonders herzlich empfangen. Sie kümmerte sich von der ersten Minute an um Dich und wir waren dabei, wie sie Dich aus der Tragetasche nahm, Dir die zu warmen Sachen auszog – es war immerhin Hochsommer – und Dich in Dein neues Bettchen legte. Du warst die ganze Zeit über vollkommen ruhig und zufrieden. Äußerlich war ich auch ruhig. In mir drinnen spielten sich aber Dinge ab, die ich heute nicht mehr beschreiben und schon gar nicht nachvollziehen kann. Ähnlich ›ausgegliedert‹ aus einem Geschehen kann sich nur jemand fühlen, der in seiner Zelle sitzt und weiß, dass er nie mehr aus diesem Bau heraus kommen wird.

Die gute Frau erklärte uns alles Mögliche und sagte auch sehr aufmunternd zu mir, dass ich jederzeit herkommen könne, um Dich zu besuchen. Offenbar erhoffte sie sich dadurch, dass ›ich es mir doch noch einmal anders überlegen möge‹. Ich sagte dankbar, aber etwas unsicher und mit Blick auf meine Mutter zu, und wir verabschiedeten uns von Dir, von ihr und dem ganzen Haus. Das Aussehen des Zimmers und Deines Bettchens werde ich nie vergessen und diese gute Frau auch nicht. Ich sehe sie noch heute vor mir.

Auf der Fahrt zurück nach Hause hoffte ich inständig, dass es sich meine Mutter und ihr Lebenspartner noch einmal anders überlegen würden. Auch jetzt wieder schwieg ich wie ein Grab und hoffte auf ein Wunder.

Erst Jahre später habe ich erfahren, dass die Inhaberin des Babyheims mindestens einmal, während Du bei ihr warst, Fotos von Dir zu uns nach Hause geschickt hat. Sie hat damit sicher erreichen wollen, dass ›wir‹ uns das mit der Adoption noch einmal überlegen sollen. Leider habe ich von den Fotos erst erfahren, als es längst zu spät war. Ich habe sie nie zu Gesicht bekommen und weil ich Dich auch nie besuchen kam, dachte sie sicher, ich sei nicht ›interessiert‹ und hat dies vermutlich so auch dem Jugendamt zu Protokoll gegeben. Den wahren Grund, weshalb ich mich nicht gemeldet hatte, ahnte sie ganz bestimmt nicht. Du glaubst gar nicht, wie gerne ich einmal Kinderbilder von Dir sehen würde, damit ich wenigstens nachträglich ein klein wenig von dem ›miterleben‹ kann, was ich versäumt habe. Leider fehlte mir bisher der Mut, Dich danach zu fragen.

Zu Hause angekommen, ging für mich die Hölle weiter. Als erstes musste ich mir erneut eine üble Gardinenpredigt anhören und bekam dann mitgeteilt, dass wir gleich am nächsten Tag wieder in die Berge fahren würden, damit ich meine Ferien fortsetzen konnte.

Keiner von beiden machte sich die Mühe, einmal mit mir darüber zu reden wie ich überhaupt in diese Situation kommen konnte. Stattdessen  beschimpfte mich der Lebensgefährte meiner Mutter wieder in Richtung ›undankbares Flittchen‹. Beide schenkten der Tatsache, dass sie selbst bis zwei Wochen vor dem natürlichen Geburtstermin überhaupt keine Notiz von meinem ›runden‹ Zustand genommen hatten, offenbar keinerlei Beachtung. Ebenso wenig nahmen sie das zum Anlass ihre eigene Handlungsweise zu überdenken. Selbst nach diesem Desaster kam meine Mutter nicht auf die Idee, schleunigst einmal ausführlich über das Thema Aufklärung mit ihrer Tochter zu sprechen. Meine ›Fürsorgeverantwortliche‹ setzte erneut auf Strafe, anstatt auf Information. Also hagelte es Verbote und ich durfte fast nichts mehr ohne ausdrückliche Erlaubnis unternehmen.

Aus Angst, die jungen Eltern könnten die Sache mit der Adoption doch noch vereiteln, indem sie sich über ihre Möglichkeiten, das Kind gemeinsam aufzuziehen, schlau machten, verbot mir meine Mutter kurzerhand den Umgang mit Deinem Vater.

Mir war inzwischen alles egal und so sagte ich auch jetzt keinen Ton, ging runter in mein Zimmer und packte ein paar Sachen zusammen, denn das meiste war ja am Ferienort geblieben. Mental hatte ich mich schon längst von ›diesen Menschen im oberen Stockwerk‹ verabschiedet, aber leider hatte ich keine Vorstellung, wie ich aus deren Fängen hätte entkommen können. Ich zog mich zunächst in mich selbst zurück, denn ich war brutal alleine. Der einzige Mensch, zu dem ich überhaupt noch Vertrauen hatte, war durch die Verbote meilenweit von mir entfernt. Ich sehnte mich so sehr nach Geborgenheit und Frieden und war deswegen trotzdem richtig froh, diesem Haus fürs Erste entfliehen zu können und in die Berge zu kommen.

Weil ich direkt nach der Entlassung aus dem Krankenhaus für vier Wochen zurück in die Ferien gebracht wurde, fand auch nie eine gynäkologische Nachuntersuchung statt. Bei einer solchen wäre ich sicher endlich ausführlich zu dem Thema Verhütung belehrt worden. Aus meiner heutigen Sicht war das unverantwortlich.

## Programmiertes Vergessen

Lisa,

vielleicht hilft Dir das Nachfolgende dabei, zu verstehen, dass wohl keine Frau leichten Herzens auf ihr Kind verzichtet, schon gar nicht, wenn sie dazu genötigt wurde.

Wieder zurück am Urlaubsort, verlor keiner auch nur ein einziges Wort über das, was geschehen war. Niemand fragte nach dem Kind und schon gar nicht, wie es mir denn so gehe. Der Urlaub ging weiter, als ob ich nie weg gewesen wäre. Damit wir auch ja keine Dummheiten machen konnten, ließ man uns kein persönliches Geld da, sondern übergab alles der Bauernfamilie. Ich hatte für die restlichen vier Wochen Hausarrest und durfte den Hof nicht alleine verlassen.

Durch diese Maßnahmen war es nahezu ausgeschlossen, dass ich Kontakt zu Deinem Vater aufnehmen oder gar zu Dir hätte gelangen können. Im Umkreis von einem Kilometer gab es dort noch nicht einmal ein Telefon! Natürlich bewirkte diese Isolation auch, dass ich kaum eine Möglichkeit hatte, mich ernsthaft um eine Alternative zur Adoption zu bemühen. Da meine Mutter den Bauersleuten offenbar verboten hatte, mit mir über dieses Thema zu reden, kam auch von dieser Seite keine Hilfestellung.

Zu Hause war man während meiner Abwesenheit auch nicht gerade untätig gewesen. Meine Mutter hatte mich inzwischen im Gymnasium ab- und stattdessen in einer technisch orientierten Berufsfachschule angemeldet. Weil dort aber eine Warteliste bestand und ich nicht gleich nach den Ferien hätte anfangen können, besorgte sie mir ein Praktikum in einer Stadt, die fast vierzig Kilometer von uns zu Hause entfernt lag und noch viel weiter weg von Dir. Das passende Zimmer wurde auch gleich angemietet, damit ich nicht so weit nach Hause zu fahren ›brauchte‹ — ›konnte‹, wäre wohl der treffendere Ausdruck dafür gewesen.

Als ich aus den Ferien zurückkam, musste ich bald darauf das Praktikum antreten und daher zu Hause ausziehen. Mit Wolfgang konnte ich mich heimlich ein paar Mal treffen. Als er merkte, dass die Adoption unausweichlich war, trennte auch er sich von mir. Zu groß war sein Schmerz und zu unverständlich waren für ihn und seine Familie die Vorgänge, die sich in der Familie seiner (eigentlich) geliebten Freundin abspielten.

Bevor ich zu Hause auszog, gab es noch ein ›Beratungsgespräch‹ beim Jugendamt, zu welchem ich alleine erscheinen musste. Ich kann mich nicht mehr an den Wortlaut dieses Gespräches erinnern, aber ich sehe noch den Mann hinter seinem Schreibtisch sitzen, sehe diesen Schreibtisch vor meinen Augen und die gesamte Zimmereinrichtung, ja sogar den Gang, auf dem ich kurz warten musste, bis ich an der Reihe war.

Die ›Beratung‹ in diesem Gespräch drehte sich um das Thema Adoption. Ob es damals schon so etwas wie Frauenhäuser gab, weiß ich nicht, aber ich kann mich nicht daran erinnern, dass mir überhaupt irgendwelche Alternativen angeboten wurden. Da ich nicht nur physisch, sondern auch psychisch am Ende war, fragte ich selbst auch nicht nach anderen Möglichkeiten. Außerdem hatte meine Mutter offenbar bereits im Vorfeld so überzeugend meinen (angeblichen) Wunsch nach Adoption erläutert, dass seitens des Sachbearbeiters wohl auch kein anderes Beratungsziel angestrebt wurde. Vielleicht hatte sie ihn auch ›ganz im Vertrauen‹ darauf hingewiesen, er möge doch nicht erst weiter in mich dringen, sondern mich ›schonen‹, um mir diese folgenschwere Entscheidung nicht noch schwerer zu machen.

So erklärte er mir dann auch lediglich den Ablauf der Adoption und versicherte mir hoch und heilig, dass es für Dich das Beste wäre, wenn Du die Chance bekämest, ein behütetes Leben in einer ›richtigen‹ Familie zu genießen. Kinder aus so gutem Hause wie das meine, könnten immer gut vermittelt werden – ich bräuchte mir also überhaupt keine Sorgen zu machen. Wenigstens damit hatte dieser Mann Recht, denn eine ›richtige‹ Familie hätte Dich bei uns zu Hause sicher nicht erwartet. Leider habe ich die Details nicht mehr im Gedächtnis, aber ich bin mir ganz sicher, dass mir nicht das Angebot gemacht wurde, mich bei der Auswahl Deiner neuen Eltern zu beteiligen oder Dir einen Brief zu schreiben, den Du später einmal hättest lesen können.

Ich konnte das alles nicht mehr ertragen und gab vermutlich genau die Antworten, die mir zuvor eingebläut wurden. Am Ende des Gesprächs wurde ein weiterer Termin, dieses Mal bei einem Notar, vereinbart. Dafür musste aber eine Gesamtwartezeit von drei Monaten verstrichen sein. Der Mann vom Jugendamt witterte zwar den Braten und zweifelte offenbar daran, dass das mit der Adoption tatsächlich auf meinem Mist gewachsen war, gab letztendlich aber seinem antrainierten Vermittlungsdrang nach.

Die Worte, die er, vermutlich zu seiner Entschuldigung, zum Schluss zu mir sagte, habe ich Zeit meines Lebens nie mehr vergessen: »Wissen Sie, ich glaube nicht daran, dass das Ihr eigener Wille ist. Ich denke, Ihre Mutter hat Sie da beeinflusst, aber was kann ich dagegen tun?«

Liebe Lisa, ich habe mich jahrelang gefragt, warum ich damals diesen letzten Strohhalm nicht ergriffen habe. Dann fiel mir ein, dass man mich mittlerweile von allem abgetrennt hatte, was mir einigermaßen Halt für die Aufgabe einer Mutter hätte geben können. Dein Vater hatte sich inzwischen von mir abgewandt, denn weder er, noch seine ganze Familie konnten das fassen oder ertragen, was da passiert war. Nach dem ersten Schock, den wir ihnen bereitet hatten, wollten wenigstens sie uns zu helfen, denn sie freuten sich ehrlich über Dich, ›durften‹ aber nicht helfen. Sie waren dazu verdammt, tatenlos zuzusehen, wie andere die Angelegenheiten unserer kleinen Familie regelten. Es gibt Tage, da werde ich noch heute so wütend, dass ich mich vergessen könnte.

Draußen empfing mich die warme Herbstsonne und ich setzte mich auf eine der Holzbänke, die vor dem Amt standen. Die Tränen liefen mir über die Wangen und ich hasste meine Mutter und deren ›Mann‹ derart, wie man Menschen nur hassen kann. Warum half mir denn niemand, mich gegen sie zur Wehr zu setzen? Warum kam dieser Mann j e t z t nicht aus seinem Büro hier herunter und sah mich so elend und heulend da sitzen? Warum, warum, warum …?

Wie ein Häuflein Elend saß ich da. Ich war inzwischen achtzehn Jahre alt, wenn auch nicht volljährig, aber ich wollte leben – leben ohne meine verhasste Mutter mitsamt dem Kerl, der sie beeinflusste und die mich so sehr im Stich gelassen hatten. Immer wieder schwor ich mir, dass ich selbst meinen Kindern, sollte ich jemals noch welche bekommen, stets eine gute Mutter sein würde. Das, was ich erleiden musste, sollten meine Kinder nicht erleben müssen. Mit dieser Wut im Bauch stand ich auf und begab mich zur Trambahnhaltestelle.

Nachdem ich die ersten Wochen meines einjährigen Praktikums absolviert hatte, erreichte mich die Nachricht, dass ich doch schon in der Fachschule meine Ausbildung antreten könne, weil einige Kandidaten nicht gekommen waren. Sofort musste ich meine Zelte wieder abbrechen und begann meine Berufsausbildung. Eine Ausbildung, die ich unter anderen Umständen niemals begonnen hätte. Viel Zeit zum Nachdenken blieb mir bei dem anspruchsvollen, ganztätigen Unterricht nicht.

Weil man damit rechnete, dass ich nun vielleicht doch wieder Kontakt mit Wolfgang aufnehmen könnte und wir uns das mit der Adoption doch noch überlegen würden, brachte der Lebensgefährte meiner Mutter an den Rollladen meines Zimmerfensters ein Schloss an. Von nun ab bekam ich morgens und abends Besuch vom hausinternen Schließmeister. Offenbar fürchteten sie sowohl eine erneute Schwangerschaft als auch die Möglichkeit, dass ich mich nachts mit Sack und Pack aus dem Staub machen könnte.

Zu diesem Zeitpunkt lag Deine Geburt noch nicht einmal drei Monate zurück, aber die Gehirnwäsche, der man mich unterzogen hatte, wirkte so gut, dass es mir so erschien, als ob es mindestens ein Jahr her wäre.

Ich habe keine Ahnung, wann man Dich zu Deinen neuen Eltern gegeben hat, aber ich erinnere mich an den Tag, an dem ich diese hässliche und von mir ja eigentlich nicht gewollte Unterschrift habe leisten müssen.

Das nasskalte, neblige Wetter passte genau zu der Geschehnissen. Damit habe ich Dich endgültig verloren und diesen Moment werde ich nie mehr in meinem Leben vergessen, auch wenn ich nicht einen einzigen Beleg dafür besitze, dass es Dich überhaupt gibt. Man hat mir alles vorenthalten, was es jemals an Beweisstücken zu Deiner Geburt oder der Adoption gegeben hat.

Über die wirkliche Bedeutung oder gar die negativen Auswirkungen, die das für mich hat, hatte mich damals niemand aufgeklärt und ich selbst war nicht in der Lage dazu, das zu begreifen. Und während ich Dich gerade verloren hatte, fielen sich in der Stadt, in der ich wenige Wochen zuvor mein Praktikum abgebrochen hatte und in die ich später wieder zurückkehren sollte, Deine neuen Eltern glücklich in die Arme, denn nun brauchten sie nicht mehr um Dich zu bangen. Du warst jetzt ihr kleines Mädchen. Aber das habe ich ja erst dreiunddreißig Jahre später durch Dich erfahren.

Meine geliebte Lisa,

kein Mensch kann wissen, was gewesen wäre ›wenn‹, aber man hätte uns nie trennen dürfen. Ich habe jahrzehntelang an das geglaubt, was ›man‹ mir eingehämmert hatte, nämlich, dass Dir durch eine Adoption ein besseres Leben ermöglicht wurde. Kann es wirklich einen Ersatz für das eigene Fleisch und Blut, die leiblichen Eltern, geben? Wenn ich Dir das alles hier erzähle, tue ich es nicht, um mich zu ›entschuldigen‹. Dazu gibt es keinen Grund, denn nicht nur Du bist ein Opfer dieses Systems, sondern ich ebenso. Man hat uns beide betrogen. Ich habe heute auch kein schlechtes Gewissen mehr, aber es tut mir unendlich leid und ich bin sehr traurig darüber.

Für mich ging das Leben weiter. Obwohl ich ein künstlerisch hoch begabtes Mädchen war, absolvierte ich brav meine zweijährige Fachschulausbildung in einem technischen Beruf. Ich fuhr jeden Morgen um sechs Uhr mit dem Zug in die nächste Großstadt und kehrte am späten Nachmittag wieder zurück nach Hause. Zum Glück traf ich dort nette Mitstreiter und hatte für ein Jahr auch einen sehr netten Freund, der mir wieder neuen Lebensmut einhauchte. Unglücklicherweise war er aber so gut wie verlobt und sollte nach seiner Rückkehr in die Heimatstadt heiraten, was er dann auch tat. Für mich war es trotzdem eine sehr schöne Zeit, denn er schaffte es durch seine Fröhlichkeit und Lebenslust auch mich wieder an die Zukunft glauben zu lassen.

Aber es gab in dieser Zeit natürlich auch ganz schlimme Momente, die mich haben beinahe straucheln lassen. So wurde zum Beispiel im dritten Semester meiner Ausbildungszeit eine meiner Mitschülerinnen ungeplant schwanger. Ihre ganze Familie und der Freund unterstützten sie, wo sie nur konnten, damit sie ihren Abschluss auf jeden Fall schaffte. Das Baby kam dann kaum drei Wochen nach der Examensarbeit zur Welt. Ich beneidete sie damals sehr und mir wurde wieder bewusst, welche Wendung mein Leben genommen hätte, wenn auch ich einen vergleichbaren Beistand erfahren hätte.

Die andere Problematik bestand in der Art, wie ich mir Taschengeld verdiente. Der Lebensgefährte meiner Mutter hatte beste Beziehungen zu Offizieren der bei uns stationierten US Army. Da mein Englisch nicht so schlecht war, verschaffte er mir ausgerechnet einen Job als Babysitterin bei Offiziersfamilien. Weil es mir meine

Familie nie erlaubt hätte, als Minderjährige Bedienen zu gehen, nahm ich diese Jobs an. Ich bekam nämlich sehr wenig Taschengeld und war darauf angewiesen, mir nebenher Geld zu verdienen. Wenn ich dabei dann Babys zu betreuen hatte, tat mir das manchmal ganz schön weh.

Wenige Wochen vor dem Ende meiner Ausbildung heiratete meine Mutter ihren Lebensgefährten. Mir war das zu diesem Zeitpunkt egal, denn ich wusste ja, dass ich nicht mehr lange in ihrem Haus würde leben müssen. Warum sie ihn überhaupt noch geheiratet hat, habe ich bis heute nicht begriffen, denn sie lebten ja schon einige Jahre ohne Trauschein zusammen, obwohl er erzkatholisch war und für solche Menschen das normalerweise ein Unding ist. Allerdings hatte es ihm noch nie gepasst, dass s e i n e ›Frau‹ arbeiten ging und möglicherweise dachte er, dass er sie, derart abgesichert, dazu bringen kann, auf ihren Job zu verzichten. Das hat übrigens nicht geklappt.

Diese zwei Ausbildungsjahre vergingen zum Glück wie im Fluge und ehe ich mich versah, feierten wir auch schon unser Abschlussexamen. Im Anschluss daran trat ich meine zugesagte Anstellung in der Firma an, in der ich zwei Jahre zuvor das Praktikum absolviert hatte. Das war die Stadt, in der Du mit Deinen neuen Eltern lebtest und wo Du gerade Deinen zweiten Geburtstag gefeiert hattest.

Weil ich dieses Mal ja länger dort bleiben sollte, weit weg vom Ort des damaligen Geschehens – was für ein Aberwitz, denn man hatte Dich ausgerechnet genau an meinen ›Verbannungsort‹ vermittelt! – suchte man mir eine kleine Wohnung und wir haben meine Möbel von zu Hause dort hingebracht und vor Ort noch ein paar neue dazugekauft. Obwohl es ja nicht unbedingt mein Traumjob war, machte mir die Arbeit Spaß und ich fand sie teilweise sogar richtig spannend. Neue Kollegen und später auch ein paar neue Freunde, sowie die Tatsache, dass ich nun endgültig aus dem verhassten, familiären Dunstkreis heraus war, ließen mich wieder aufblühen.

Schlimm für mich war es, dass einige der neuen Kolleginnen kleine Kinder hatten. Ich wünschte mir auch wieder ein Kind, in der Hoffnung, so über das Gewesene besser hinwegzukommen. Richtig übel wurde es, als eine wesentlich ältere Kollegin plötzlich ein Kind adoptiert hatte, das zu diesem Zeitpunkt bereits drei Jahre alt war. Zum Glück war es ein kleiner Junge und seine neuen Eltern waren außer sich vor Freude über ihren neuen Schatz. Meine Kollegin hatte sofort nach seiner Ankunft ihren Job aufgegeben, um sich nur noch um den Nachwuchs zu kümmern.

Ein halbes Jahr später traf ich die kleine Familie in der Stadt beim Einkaufen. Sie erzählten von ihrem neuen Leben und wie viel Glück so ein Kind einem Ehepaar doch bringen könnte. Mich würgte es fast, denn all das wollte ich überhaupt nicht hören. Ich neidete ihnen dieses Glück und fragte mich, ob der kleine Kerl auch seiner Mutter weggenommen wurde, so wie man mir mein Kind weggenommen hatte. Dann sagte sie plötzlich: »Er sieht ganz aus wie der Papa!«, und dabei sah sie verliebt ihren Mann an. Ich konnte nicht fassen, was ich da gehört hatte, denn er sah ihm überhaupt nicht ähnlich. Das Kind hatte einen rabenschwarzen Haarschopf und ihr Mann war fast blond! Ganz davon abgesehen, wusste ja die ganze Stadt, dass dieses Kind angenommen war. Wie konnte sie sich nur selbst so belügen?

Andere hätten darüber sicher nur gelächelt, mir aber gab es einen Stich ins Herz, denn mir wurde wieder einmal bewusst, dass meine Tochter nun auch zu einer anderen Familie gehörte. Wenn ich damals geahnt hätte, dass es durchaus möglich gewesen wäre, dass diese ›andere‹ Familie just in diesem Moment an mir vorbei laufen könnte …

Wegen dieses Erlebnisses plagten mich sofort wieder die Ängste um Dich. Ich fragte mich ständig, wo Du nun wohl leben würdest. In Hamburg, München, Frankfurt, oder gar im Ausland? Ich zermarterte mir das Hirn und lag nächtelang wach. Wenn mir auf der Straße ein Ehepaar oder eine Mutter mit einem kleinen Mädchen an der Hand entgegen kam, sah ich ihr immer ganz fest in die Augen und versuchte mir vorzustellen, wie Du denn wohl aussehen würdest.

Es ist für mich heute der blanke Horror, wenn ich daran denke, dass ich dabei auch vielleicht tatsächlich in Deine Augen geblickt habe, ohne es zu wissen. Deine Eltern waren im selben Skiclub und kauften zwangsläufig vermutlich in denselben Geschäften wie ich ein, denn sehr viel Auswahl gab es in unserer kleinen Stadt ja nicht.

## Misslungener Neustart

Lisa, mein Mädchen,

ich habe damals oft gebetet, dass es mir nun gelingen würde, wieder ein normales Leben führen zu können und einen netten Mann zu finden, der mich liebt und mit mir eine Familie gründet. Ich hatte mir immer geschworen, dass ich all die Fehler, die meine Familie machte, nicht machen würde und ich wollte meine Kinder immer zu selbstständigen und guten Menschen erziehen und vor allem wollte ich ihnen die Liebe geben, die ich schon sehr früh in meiner Kindheit vermisst hatte und im Prinzip noch heute nicht gefunden habe. Vielleicht muss ich sogar sagen, dass ich sie mittlerweile gar nicht mehr an mich heran lasse, die Liebe.

Irgendwann und -wo traf ich dann den sieben Jahre älteren Harald. Er arbeitete im selben Betrieb wie ich und wir kamen uns in der Freizeit und beim Sport näher. Seine Familie lebte seit mehreren Generationen am Ort und er hatte einen sehr großen Bekannten- und Freundeskreis. Ich wurde Mitglied im Sportverein und später im Skiclub und die Wochenenden waren immer gut mit Programm ausgefüllt. Im Nu war ich überall integriert, ich wuchs langsam in neue Aufgaben und Tätigkeitsfelder hinein und die Erinnerung an all die schlimmen Vorkommnisse der Vergangenheit wurden etwas in den Hintergrund gedrängt. In unserem ersten gemeinsamen Sommer wurde ich volljährig, aber irgendwie nahm ich diese Freiheit gar nicht mehr wahr, noch schlimmer, ich fühlte mich nach wie vor den Menschen verpflichtet, die mir so sehr geschadet hatten. Mein Allgemeinzustand hatte sich zwar deutlich verbessert, aber das lag hauptsächlich wohl daran, dass ich das Gewesene schlicht und einfach verdrängt hatte, anstatt es zu verarbeiten.

Aus der Hinterlassenschaft meiner gerade verstorbenen Omi Amanda hatte ich eine bescheidene Summe Geld geerbt – und die brauchte mein neuer Freund zum Hausbau. Ich, die Zeit meines Lebens Liebe und Geborgenheit suchte, fiel prompt auf sein Werben von wegen ›Nest bauen‹ rein. Da meine Mutter ja seit der von mir verursachten Familienschande ein wachsames Auge auf das warf, was ich so tat, wusste sie natürlich von der Entwicklung, die sich da anbahnte. Aus ihrer Sicht hätte mir damals nichts Besseres passieren können, als ein Mann, ein Haus und bald wieder ein Kind, auf dass ich das ›Verschenkte‹ möglichst schnell abhaken konnte! Harald hatte in ihr also eine prima Verbündete gefunden und so hielt er um meine Hand an. Mein zukünftiger Mann besaß nämlich ein Grundstück und ich das Geld, das ihm zum Hausbau gerade noch fehlte. Ich war so dumm, meinen geheimen Träumen nachzugeben und so feierten wir bald darauf Hochzeit.

Weil Harald so gut im Organisieren und Planen war, schmissen wir unsere Konten zusammen und er übernahm den ›lästigen Kram mit den Finanzen‹ ganz. Von da an verwaltete er auch mein Einkommen. Das Geld für ein teures Hochzeitskleid sparten wir uns, denn ich konnte ein wenig Nähen und so kaufte ich Stoff samt Schnittmuster und schneiderte mir selbst eines, was kein Mensch gemerkt hätte, wenn ich es nicht gesagt hätte. Noch vor der Hochzeit beauftragten wir einen befreundeten Architekten mit der Planung unseres Hauses.

Da wir möglichst schnell fertig werden, aber trotzdem solide, sparsam und natürlich ›für die Ewigkeit‹ bauen wollten, arbeitete ich vom ersten Tag an mit. Ich schuftete wie eine Besessene und nähte alle Gardinen selbst, um das eingesparte Geld lieber in den Garten zu stecken. Mit diesen vereinten Kräften sparten wir am Ende nicht nur Geld, sondern tatsächlich auch viel Zeit und konnten daher in weniger als einem Jahr einziehen. Die Welt war perfekt und ich genoss die neue Lebenssituation.

Im darauf folgenden Frühjahr gingen wir die Fertigstellung der Außenanlage an und dann gönnten wir uns auch wieder mehr Zeit für uns bzw. mehr Freizeit überhaupt. Wir trafen uns häufig mit Freunden, feierten bei uns im Partykeller schöne Feste und fuhren auch in Skiurlaub. Es war eine richtig schöne und heile Welt. Eine Idylle, wie ich sie eigentlich gar nicht mehr kannte.

Als ich eines Tages merkte, dass ich möglicherweise schwanger war, machte ich vor Freude innerlich einen Luftsprung. Inzwischen war ich Mitte Zwanzig, unser Haus stand fertig verputzt und eingerichtet in einem kindertauglichen Garten, die Zimmer für Kinder waren ebenfalls vorhanden und uns ging es recht gut. Ich war längst bereit für diesen Nachwuchs. Deshalb lief ich gleich zu meinem Mann, um ihm diese freudige Nachricht mitzuteilen. Mein Harald sah das aber anders. Mit einer Bestimmtheit, die mir zuvor nie an ihm aufgefallen war und die mich jetzt erschauern ließ, lehnte er meine mögliche Schwangerschaft kategorisch ab, weil diese unser ganzes Eigentum in Gefahr bringen würde.

Voller Entsetzen fragte ich ihn nach den Gründen für seine Behauptung, denn obwohl ich in unsere finanzielle Lage kaum Einblick hatte, konnte ich es kaum glauben, dass wir deswegen unser Haus verlieren sollten. Er erklärte mir unmissverständlich, dass ein Kind zu diesem Zeitpunkt völlig ungelegen käme, weil mein Einkommen fest in die Finanzierung mit eingeplant sei. Um seinen Worten noch mehr Gewicht zu geben, sagte er dann noch, dass ihm der Schwager, welcher Bankdirektor war, gerade neulich wieder unsere wackelige finanzielle Situation vorgerechnet habe – und so weiter und so fort. Eine weitere Diskussion mit ihm war zwecklos.

Für mich brach wieder einmal eine (vermeintlich) heile Welt zusammen. Gerade erst hatte ich gelernt, zu jemandem Vertrauen zu haben und dann das. In meinem Kopf drehte sich alles im Kreis, denn ich erkannte, dass mich meine Vergangenheit gnadenlos wieder eingeholt hatte. Vor meinem geistigen Auge baute sich eine Mauer zwischen mir und dem Mann auf, an den ich bis vor wenigen Minuten geglaubt hatte, denn ich ahnte zum ersten Mal, dass er mich nie geliebt, sondern nur benutzt hatte und ich befand mich voll in seiner Hand.

Gleich am nächsten Tag fuhr ich mit einer Urinprobe in die Nachbarstadt und ließ einen Schwangerschaftstest machen, um Gewissheit zu erlangen. Ich war tatsächlich schwanger. Als ich meinen Mann mit dieser Gewissheit konfrontierte, untermauerte er seine negative Haltung und machte mir noch einmal klar, dass der Zeitpunkt für ein Kind jetzt nicht günstig sei, aber man könne ja in ein oder zwei Jahren wieder darüber reden. Als ich ihm hilflos sagte, dass ich aber j e t z t schwanger sei, antwortete er: »Du bist ja erst in der sechsten Woche. Da ist eine Abtreibung überhaupt keine Schwierigkeit. In London geht das ganz problemlos und schon nach zwei Tagen bist du wieder hier. Das muss noch nicht einmal jemand merken – wir sagen einfach, dass du plötzlich zu Deiner Verwandtschaft fahren musstest und ich bleibe ja hier.«

Tränen überströmt und zitternd verließ ich das Haus und lief den Berg hinauf zur Burg. Wo sollte ich jetzt hingehen? Ich brauchte jemanden, der mir beistand, aber ich war alleine. Zu meiner Mutter und dem verhassten Stiefvater konnte ich nicht gehen. Mein Mangel an Vertrauen verhinderte auch, dass ich mich den Verwandten meines Mannes offenbarte, denn die hielten wie Pech und Schwefel zusammen. Ich habe mich später oft gefragt, ob das ein Fehler war, aber selbst wenn sie es vermocht hätten, ihn umzustimmen, was wäre diese Ehe dann noch wert gewesen? Erst jetzt wurde mir klar, dass grundsätzlich alles so gemacht wurde, wie mein Mann das wollte und meine Meinung eigentlich nur bei Belanglosigkeiten Beachtung fand. Eigene Freunde von früher hatte ich keine mehr und alle meine jetzigen Freunde und Bekannte waren die meines Mannes. Ich nahm automatisch an, dass mir diese nicht beistehen würden. So verbrachte ich den restlichen Tag bis zur Dunkelheit im Wald.

In den nächsten Tagen grübelte ich pausenlos über meine Situation nach und suchte nach Auswegen. Am Ende kam ich zu dem Schluss, dass ich dem Druck meines Mannes nachgeben sollte. Ständig sah ich meine eigene Kindheit und Jugend vor Augen, die geprägt war von Unverständnis, Scheidungskrieg, Missachtung, Unterwürfigkeit und vor allem Lieblosigkeit. Ich wollte kein Kind unter ähnlichen Bedingungen großziehen. Die einzige Alternative, nämlich das Haus zu verlassen und das Kind alleine zu versorgen, war illusorisch, denn ich war ja noch nicht einmal stark genug für mich selbst.

Wegen meines Gemütszustandes war mir auch klar, dass ich eigentlich selbst erst einmal massiv Hilfe benötigte. Ich war Mitte zwanzig und im Grunde genommen unselbstständiger als eine sechzehnjährige.

Ja Lisa, ich war hinreichend dumm, ihm diesen Unsinn tatsächlich abzukaufen, weil ich längst nicht die Festigkeit hatte, das ernsthaft anzuzweifeln, was andere für mich entschieden. Ich hatte es bis dahin ja auch nie gelernt und so kam es, dass ich das tat, was er wollte. Damit ›niemand etwas merkt‹, schickte mich Harald alleine nach London zur Abtreibung.

Gemeinsam verschafften wir uns zuvor die Adresse einer Abtreibungsklinik, welche damals gerade wie Pilze aus dem Londoner Boden wuchsen. Irgendwie abgestumpft, nahm ich ein paar Tage später das Flugticket und die Adresse der Klinik sowie das Geld ›für den Notfall‹ in Empfang. Harald brachte mich pünktlich zum Bahnhof, wo ich den Zug zum Flugplatz bestieg. Dort angekommen, ging alles glatt und zum ersten Mal in meinem Leben bestieg ich ein Flugzeug. Das alleine war schon Aufregung genug, aber ich dachte nur an das, was mich in London erwartete.

Es erwartete mich aber zunächst einmal gar nichts. In Heathrow angekommen, sollte mich ein Abholdienst einsammeln, genauso wie all die anderen Frauen und Mädchen, die exakt zu dem gleichen Zweck in die damalige Abtreibungs-Metropole Europas reisten. Leider hatte man mich vergessen, und so saß ich erst einmal, völlig eingeschüchtert und ängstlich, zwei Stunden am Flugplatz herum, bis mich zwei nette Bobbies ansprachen. Die sorgten dann dafür, dass mich eines dieser typischen Londoner Taxis zu der kleinen Klinik in dem noblen Stadtteil ›Knightsbridge‹ brachte.

Die Klinik, eine alte Stadtvilla, war voller Frauen, die in Not waren. Sie kamen aus allen möglichen Ländern und ihr Alter reichte von höchstens vierzehn bis über fünfzig. Manche hatten einen Mann als Begleitung dabei, andere Freundinnen und einige waren genauso alleine gekommen wie ich. Das waren die ärmsten Schweine. Ich hatte das Glück, dass ich im Wartezimmer neben einem älteren Paar aus Düsseldorf saß, das mich dann die ganze Zeit über nicht aus den Augen ließ und mit dem ich am Abend dann auch essen war. Ohne die beiden hätte ich vermutlich keinen Bissen zu mir genommen.

An den Eingriff selbst, eine ›Ausschabung‹, kann ich mich nicht mehr erinnern, denn ich wurde so weit narkotisiert, dass ich das Bewusstsein ganz verlor und erst wieder aufwachte, als alles vorbei war. Das Gesicht des indischen Gynäkologen aber, der das ungewollte Kind in den Abfall beförderte, bleibt mir für ewig vor meinen Augen stehen. Bei den Worten ›Ausschabung‹ oder ›Kürettage‹ kommt mir heute der Ekel hoch. Ich fühle zwar keine Schuld, weiß aber, dass das damals falsch war.

Im Aufwachraum sind manche Frauen gleich zweimal ›aufgewacht‹ und es wurde sehr viel geweint. Mir ging es nicht anders und ich verspürte einen abgrundtiefen Hass gegen meinen Mann, aber es brachen auch alle die alten Wunden von damals wieder auf. Ich fühlte wieder diese Schwäche, mich nicht durchsetzen zu können und die daraus resultierenden Selbstzweifel und Selbstanklagen. Heute könnte ich jeden Diskutanten umbringen, der, wo auch immer, im Falle von Abtreibung von ›Leichtfertigkeit‹ redet.

Gleich am nächsten Tag saß ich wieder im Flugzeug zurück nach Deutschland. Mit sehr gemischten Gefühlen bin ich zu Hause angekommen. Zwei Tage nach meiner Rückkehr verlangte mein Mann von mir, mit auf den traditionellen Maiausflug zu kommen. Da ich überhaupt keine Ambitionen auf lustiges Beisammensein mit Kind und Kegel, auf scheinheilige Lügen und schon gar nicht auf eine mehrstündige Wanderung hatte, wollte ich natürlich nicht mitgehen. Ich erklärte ihm, dass ich zu schwach sei und zu Hause bleiben wolle. Das ließ er nicht gelten und brachte lauter faule Ausreden hervor, die alle nur den einen Zweck erfüllten: Er wollte möglichst niemandem unbequeme Fragen beantworten müssen. Am Ende überredete er mich tatsächlich dazu mitzukommen.

Immer noch nicht in der Lage, mich zu wehren und völlig am Ende meiner Widerstandskraft, packte ich ein halbes Dutzend dicker Binden in meinen Rucksack und ging mit. Da meine Blutungen auch in den nächsten Tagen nicht aufhörten, ging ich zum Arzt. Dieser stellte fest, dass trotzdem alles gut verheilen würde, verordnete mir aber strenge Bettruhe und schrieb mich ein paar Tage krank. Danach bestellte er mich wieder ein und zum ersten Mal redete ich mit einem fremden Menschen über meine Eheprobleme. Da er meine Not erkannte, verschrieb er mir gleich die Pille, worüber ich sehr froh war, denn eine weitere Schwangerschaft hätte ich jetzt nicht ertragen.

Auch wenn ich mir Mühe gab, diese Ehe nicht platzen zu lassen, hatte ich natürlich keine positiven Gefühle mehr für meinen Mann übrig. Am liebsten hätte ich ihn verlassen, aber ich saß in der Zwickmühle. Er verwaltete mein Geld, meine Freunde waren eigentlich die seinen und bei seinen Verwandten brauchte ich mich nicht über ihn zu beschweren, denn er war ein sehr beliebter Mann in ihren Reihen. Mit den Kindern seines Bruders ging er geradezu liebevoll und sehr nachsichtig um (unseres hat er dagegen umbringen lassen). Zu meiner Familie konnte ich mit meinem Problem erst recht nicht gehen. So blieb mir nichts anderes übrig, als zu bleiben und zunächst gute Miene zum bösen Spiel zu machen.

Du, liebe Lisa, lebtest damals wenige Kilometer von mir entfernt, gut behütet in Deiner neuen Familie und standest kurz vor Deinem fünften Geburtstag.

Harald berührte das mit der Abtreibung offenbar nicht. Er machte weiter wie gehabt und nach außen hin führten wir eine stinknormale Ehe. Da zu einer solchen auch Sex gehört, forderte er diesen auch immer wieder ein. Ich passte zwar sehr auf, dass ich ja nicht schwanger wurde, aber irgendwann passierte es doch. Offenbar hatte ich einen folgenschweren Fehler mit der Pille gemacht. Noch bevor ich Gewissheit hatte, konfrontierte ich ihn mit dieser Tatsache. Da wir inzwischen bereits ein paar Jahre verheiratet waren, hoffte ich insgeheim doch noch, dass er vielleicht jetzt bereit war, Vater zu werden, aber dem war nicht so. Es kamen dieselben Argumente wie beim ersten Mal, aber nun wehrte ich mich nicht mehr dagegen, ich hörte ihm noch nicht einmal richtig zu. Für mich war diese Ehe nun endgültig vorbei und von dem Mann wollte ich ganz bestimmt kein Kind. Wenigstens bestand ich nun darauf, dass er mitfuhr, was er zähneknirschend dann auch tat. Im

Prinzip war ihm das sogar dabei behilflich, diese weitere Abtreibungsreise zu vertuschen und sie stattdessen als Kurzurlaub zu verkaufen.

Die sich inzwischen auf dem Höhepunkt befindende Abtreibungsdiskussion hatte dafür gesorgt, dass sich in Amsterdam ein zweites ›Abtreibungsparadies‹ aufgetan hatte. So setzten wir uns in den Zug und reisten in die Niederlande zum Kindermord Nummer zwei – offiziell, damit wir unser schönes Haus nicht verlieren müssen, in Wirklichkeit, weil mein egozentrischer Mann mich offenbar getäuscht hatte. Ihm war es nie um die Gründung einer Familie gegangen. Obwohl auch ich selbst das Baby nicht wollte, verfolgt mich auch diese Abtreibung bis heute.

Ich erinnere mich an jede Einzelheit, besonders deswegen, weil dieses Mal die Absaugmethode angewandt wurde, bei der man keine Vollnarkose bekommt. Dort auf dem Stuhl schwor ich Rache gegenüber meinem Mann, aber ich hasste auch mich, weil ich so schwach war, mich nicht gegen ihn zu wehren. Mein Hass gegenüber ihm war so abgrundtief, dass ich Angst vor mir selbst bekam. Mit dem operierenden Arzt hatte ich im Vorgespräch ausgemacht, dass sie mir bei dieser Gelegenheit gleich eine Spirale einsetzen sollten, denn auf die Sache mit der Pille wollte ich mich nicht mehr alleine verlassen.

Wieder zu Hause, sah ich erst einmal zu, dass ich Kraft tankte. Ganz nebenbei legte ich mir einen Plan zurecht, wie ich mein Leben ohne ihn bewerkstelligen könnte. Dazu gehörten unter anderem ein neuer Job, am besten an einem anderen Ort, sowie ein eigenes Bankkonto, möglichst bei einer anderen Bank, denn in unserer war ja der Schwager Direktor. Als ich im Geiste alles beisammen hatte, inzwischen war ich fast siebenundzwanzig, konfrontierte ich Harald mit der Scheidung, welche er allerdings kategorisch ablehnte. Wieder befand ich mich ich in der Falle, denn er saß immer noch am längeren Hebel. Aber ich gab nicht auf. Dieses Mal nicht.

Nun nahm ich einen weiteren wichtigen Punkt in meine Aufgabenliste auf: Ich brauchte einen Verbündeten, einen Freund, der mir Halt gab. Ab diesem Zeitpunkt ging ich vermehrt meine eigenen Wege und ich arbeitete nicht nur meine Liste ab. Für ihn und mich war das die Hölle. Jeder wusste mittlerweile, dass unsere Ehe kaputt war, aber keiner riet ihm zur Scheidung. Ich wartete ab und machte was ich wollte, hatte Affären mit fast allen seinen Freunden um Fakten zu schaffen, die ihn zur Scheidung drängten, aber er sah dem Treiben tatenlos zu. Seine Geldgier war größer und die Sorge, eine Scheidung könnte ihn um einen Teil des Vermögens bringen, bestimmte auch hier sein Handeln. Ganz nebenbei lernte ich übrigens, dass die berühmten Männerfreundschaften auch nichts wert sind.

Der Zufall bescherte mir irgendwann (m)einen ›Verbündeten‹ – ausgerechnet auf einem Fest, zu welchem ich überhaupt nur sehr widerwillig mitgegangen war. Er war zwar fast zwanzig Jahre älter als ich, aber in seiner Weltanschauung erheblich jünger. Aus einem *One-nightstand* wurde eine sehr schöne Freundschaft, welche jahrelang hielt. Mit sicherem Gespür für das Potential, welches in mir steckte, baute er langsam mein Selbstvertrauen wieder auf und förderte meine Stärken. Vor allen Dingen gab er mir die richtigen Ratschläge und bestärkte mich in meinem Vorhaben: sofort einen neuen Job suchen, nach ein paar Monaten heimlich eine kleine, bezahlbare Wohnung und dann ausziehen.

All das habe ich dann auch in die Tat umgesetzt. Zuerst kam der Job und mit diesem mein erstes eigenes Auto, ein giftgrüner ›2 CV‹, den ich mir durch einen glücklichen Umstand leisten konnte, weil ich zu etwas Geld gekommen war. Dieser pfiffige Wagen erweiterte meinen Bewegungsradius gewaltig und er gab mir ein Stück Freiheit, das ich so noch nie gekannt hatte. Er war Teil meines neuen Lebens, aber der Weg dort hin sollte noch ganz schön steinig werden. Als das mit dem Job gut lief, suchte ich mir heimlich ein kleines bezahlbares Appartement in einer anderen Stadt. Dieses stattete ich mit lauter preiswerten, aber pfiffigen IKEA-Möbeln aus und nutzte eines Tages eine kleine Reise meines Mannes dazu, um endgültig auszuziehen. In einer Nacht-und-Nebel-Aktion, räumte ich meine persönlichen Gegenstände aus. Ihm ließ ich so gut wie alles, obwohl mir ja exakt die Hälfte von allem gehörte. Ich wollte und musste nur noch weg.

Natürlich hatte ich in der Eile ein paar wichtige Dinge vergessen, die ich noch holen musste. So rief ich eine Woche später zu Hause bei meinem Mann an. Am Telefon meldete sich bereits meine Nachfolgerin, ein Kollegin aus unserer alten Firma. Er hatte sicher schon länger mit ihr ein Verhältnis, obwohl er mich nicht hatte gehen lassen. Da nun alle Karten auf dem Tisch lagen, willigte mein Mann endlich in die Scheidung ein – nachdem ich auf alles verzichtet hatte, Zugewinn und Rentenansprüche einschlossen.

Jahre später erfuhr ich, dass er mich noch heute in ›seiner‹ Stadt schlecht macht, wo er nur kann. Damals hatte ich große Lust einen offenen Brief in die Zeitung zu setzen oder Flugblätter zu verteilen und darin das mit den erzwungenen Abtreibungen zu erzählen und ihn öffentlich dazu aufzufordern, mit den Verleumdungskampagnen aufzuhören. Zum Glück habe ich die Finger davon gelassen, denn wem hätte es nutzen sollen? Ich lebte damals außerdem schon lange in München.

Die Zeit ist ein guter Arzt,
aber ein schlechter Kosmetiker.

(W. S. Maugham)

## Aufbruch zu neuen Ufern

Liebe Lisa,

als wir uns endlich wiedergefunden hatten, befandest Du Dich gerade im Aufbruch. Dein langjähriger Freund hatte Dich wegen einer jüngeren Frau verlassen, Du hast wild entschlossen neue Ufer gesucht und Dir ganz fest vorgenommen, dass Dich nichts unterkriegen kann. Genauso ging es mir damals. Durch die räumliche Trennung kehrte erst einmal Ruhe in mein Leben ein. Zu dem Zeitpunkt, als ich die Stadt verließ, in der ich verheiratet war, musst Du gerade in die zweite Klasse gegangen sein. Wenn Du auch nur annähernd so lebendig, vorlaut und aufgeweckt gewesen bist wie ich, dann hast Du sicher viel Spaß gehabt. Als ich wieder alleine lebte und viel Zeit für mich hatte, war ich auch häufiger mit meinen Gedanken bei Dir.

Für mich folgten zur Abwechslung einmal ein paar sehr schöne und interessante Jahre. Der Job in einer Forschungseinrichtung machte mir viel Spaß, ich lernte dort viele neue Menschen aus aller Herren Länder kennen und hatte sogar die Möglichkeit, mit ins Ausland auf Expeditionen zu fahren. Das Arbeitsklima war ganz anders, als ich es von der Industrie her gewöhnt war. Man erwartete sehr viel mehr Selbstständigkeit bei der Arbeit, was ich nicht gewohnt war, und ich hatte dabei schon die eine oder andere Lektion zu lernen. Für mein privates Vorankommen waren diese Jahre jedenfalls von großem Vorteil.

Derart eingebettet in die große Einrichtung und viele nette Kolleginnen und Kollegen, entwickelte ich endlich auch so etwas wie ein Selbstwertgefühl. Dieses wurde von meinem neuen Freund noch zusätzlich unterstützt, und so blickte ich überaus hoffnungsvoll in die Zukunft. Leider bekam diese Zuversicht bald den ersten Dämpfer, denn er ist nach einem Jahr Hals über Kopf nach Südamerika ausgewandert, weil er hierzulande massive finanzielle Probleme hatte, die alle mit seiner zwei Jahre zurückliegenden Scheidung zusammenhingen. Schweren Herzens haben wir uns damals getrennt, denn erstens war ich noch gar nicht geschieden und zweitens hatte die ganze Sache sowieso keine realistische Zukunft, weil er achtzehn Jahre älter war als ich und sich zudem auch noch intensiv um seine halbwüchsigen Kinder kümmern musste, die er nach Südamerika vorausgeschickt hatte. Aber er tat mir gut und ich habe viel für das gelernt, was ich noch alles so vor mir hatte. Zum Glück konnte ich ihn zweimal in Uruguay besuchen und wir hatten noch lange Jahre Briefkontakt. So half er mir selbst aus der Ferne noch dabei, an meinem Selbstbewusstsein zu arbeiten und das war ja nach wie vor auch bitter nötig.

Mein Freund fehlte mir sehr, denn nun war ich an den Wochenenden alleine. Durch Zufall geriet ich an einen Nebenjob in einem Ausflugslokal, den ich dankbar annahm. Er brachte nicht nur Abwechslung, sondern füllte auch sichtbar meine Geldschatulle mit der Aufschrift ›Sonderwünsche‹. So konnte ich mir die Urlaube bei meinem Freund und ab und zu schöne Extras leisten. Die Menschen, mit denen ich dort arbeitete, waren allesamt unglaublich herzlich, hilfsbereit und humorvoll, so dass wir stets viel Spaß bei der Arbeit hatten und die Stunden nur so dahin flogen.

Natürlich hatte ich ›zu Hause‹ bei meinen ›Eltern‹ die Trennung von meinem Mann ›gebeichtet‹, wobei ich die beiden Abtreibungen allerdings mit keinem Wort erwähnte. Zu meinem großen Erstaunen, nahmen sie diese Nachricht sehr gelassen auf und von da ab ging ich ab und zu wieder in mein ehemaliges Elternhaus. Unser Verhältnis war zwar alles andere als innig, aber man konnte es immerhin als entspannt bezeichnen – bis es an einem ›Heiligen Abend‹ zu einer Eskalation kam. Während eines Streitgespräches mit meiner Mutter, in dessen Verlauf ich ihr eine sehr provozierende Frage stellte, schlug mir mein Stiefvater mitten ins Gesicht, worauf ich im Affekt retournierte, weil es in meiner Augenbraue heftig schmerzte. Dabei fegte ich ihm die Brille von der Nase, die prompt an der Wand zerschellte, was ihn umso wütender machte. Meine ebenfalls anwesende Oma Trudi schalt mich: »Versündige Dich nicht an Deiner Mutter!«, und die so in Schutz Genommene eilte zum Telefon und machte Anstalten, in der benachbarten Klapsmühle anzurufen. Als ich das mitbekam, schnappte ich mir geistesgegenwärtig meine Handtasche und den Autoschlüssel und verließ fluchtartig das Haus. Gerade als ich den Wagen von innen verriegelt hatte, kamen sie auch schon auf die Straße gelaufen, aber ich drehte den Zündschlüssel rum, gab Gas und machte mich aus dem Staub. Danach hatte ich fast zwei Jahre überhaupt keinen Kontakt zu ihnen.

Obwohl ich als Single lebte, wurde mir meine Einzimmerwohnung nun doch zu klein. Deshalb zog ich, zusammen mit einer Arbeitskollegin, in eine große Wohnung auf dem Land. Es war eine reine Zweckgemeinschaft, denn meine Mitbewohnerin hatte einen Freund, mit dem sie die Wochenenden, Familienfeste und Urlaube verbrachte, wogegen ich am Wochenende arbeitete.

Einmal fuhr ich über Weihnachten und Silvester für zwei Wochen mit einer Familie aus meiner Verwandtschaft in Skiurlaub. Sie hatten zwei kleine Kinder und ich sollte mich ein wenig um sie kümmern, damit die Eltern sie nicht ständig ›an der Backe‹ hatten. Ich mochte Kinder ja gerne und so sagte ich erfreut zu. Wir hatten eine schöne erste Woche, in welcher wir täglich Ski fuhren. Abends nach dem Essen begaben sich die Kinder und ich ins Bett und deren Eltern machten meistens noch eine Sause. Einmal haben sie dabei offenbar viel zu tief ins Glas geschaut und so kam es, dass der Familienvater des Nachts in mein Zimmer eindrang, um sich über mich herzumachen. Ich wachte sofort auf und als ich begriff, was da gerade geschah, schlug und kratzte ich ihn solange, bis er fluchtartig den Raum verließ.

Genau das tat ich dann auch, als ich den ersten Schock überwunden hatte. Ich packte noch vor Anbruch des Tages meine Sachen, schlich mich aus der Pension, die wir im Voraus bezahlt hatten und ging zum Bahnhof. Glücklicherweise fuhr auch bald ein Zug, und ich hatte nun sechs Stunden Zeit zum Überlegen. Zu Hause angekommen, rief ich sofort gute Freunde in Berlin an und flog gleich am nächsten Tag hin. Es war der Tag vor Silvester, und wir feierten ungefähr vierzig Stunden am Stück. Außer meinen Freunden erzählte ich von der Geschichte niemandem etwas, aber ich habe diese Verwandten fortan gemieden und sie nur noch zweimal auf einer Beerdigung gesehen.

Als meine Oma Trudi schwer erkrankte, löste meine Mutter deren Wohnung auf und nahm ihre Mutter für die letzten Monate zu sich. Das war übrigens genau in der Stadt, in der Du heute lebst. In dieser Zeit besuchte ich sie dort ab und zu, und so kam auch wieder der

Kontakt zu meiner Mutter und meinem Stiefvater zustande. Mir wurde allerdings klar, dass da sehr viel zu Bruch gegangen und ich nicht in der Lage war, zu verzeihen. Keiner von ihnen hat jemals mit mir über die Adoption oder die anderen Vorkommnisse gesprochen. Für mich aber hat die Verarbeitung der damaligen Geschehnisse nie aufgehört und sie wird vermutlich auch niemals beendet sein.

Zu dieser Zeit ergab sich die Möglichkeit, mich beruflich nach München zu orientieren. So beschloss ich kurzerhand, meiner alten Heimat endgültig den Rücken zu kehren. Erleichtert wurde mir dieser Entschluss dadurch, dass genau zu dieser Zeit meine Wohnungsgenossin mit ihrem Freund zusammenzog und ich sowieso nicht hätte in dieser großen Wohnung bleiben können.

In München lernte ich sehr liebe Leute kennen und es waren zunächst recht schöne Jahre, auch wenn ich meinem Froschkönig dort immer noch nicht begegnete. Inzwischen war ich sehr selbstständig geworden, und das lange Singledasein hatte durchaus seine Spuren hinterlassen. Das wiederum war nicht gerade förderlich für eine neue Partnerschaft, ganz davon abgesehen, hatte ich nie ein glückliches Händchen bei meiner Partnerwahl. Das lag nach wie vor daran, dass ich immer noch nicht gelernt hatte, wie man laut und deutlich NEIN sagt. Immer wieder machte ich Dinge, oder ließ mich dazu verleiten, die ich eigentlich gar nicht wollte.

In der Zeit, als ich in München lebte, bist Du sechzehn geworden und hattest nun die Möglichkeit, eigenständig nach Deinen Herkunftseltern zu suchen. Ich hoffte inständig, dass Du das nun tun würdest, denn ich war ja davon überzeugt, dass ich nie eine Auskunft bekommen hätte. Wahrscheinlich hatte ich zusätzlich aber auch einfach nur ein furchtbar große Angst vor Dir und Deinen Fragen, auf die ich damals selbst keine Antwort wusste. Meine ehemalige Freundin aus der Ausbildungszeit hatte ich aber beauftragt, regelmäßig auf der Privatanzeigenseite nachzusehen, ob sie dort eine entsprechende Annonce finden würde. Wolfgang traute ich mich nicht anzurufen, denn der hatte mir einmal unmissverständlich zu verstehen gegeben, dass er von mir nichts mehr hören will. Damals war er gerade frisch verheiratet und Vater geworden. Dein Halbbruder war in diesem Jahr geboren worden.

Aber natürlich gab es auch jede Menge schöner Augenblicke und Begebenheiten und ich blühte richtig auf. Mir machte das Leben endlich wieder Spaß und ich gab die Hoffnung nicht auf, doch noch irgendwann ein Kind zu bekommen. Inzwischen war ich Anfang Dreißig und es wurde höchste Zeit, diesbezüglich in die Puschen zu kommen. Zweimal verliebte ich mich unsterblich, aber es wurde dann doch nie etwas aus der Geschichte.

Eines Tages rief mich meine Mutter an, die ich ja in den vergangenen Jahren kaum gesprochen oder gesehen hatte, und teilte mir mit, dass sie sich von ihrem Mann trennen und in ein anderes Bundesland ziehen wolle. Viele Erklärungen gab sie mir zunächst nicht dazu und ich fragte sie auch nicht, da ich eigentlich gar nichts von ihr wissen wollte. Dass diese Ehe nicht der große Hit war, war mir sowieso klar, und vermisst hätte ich diesen Mistkerl auch nicht. In einem späteren Telefonat erfuhr ich dann mehr über ihre Scheidung. Mein Stiefvater hatte wohl diverse Probleme, die sein wahres, egozentrisches Wesen endgültig zum Vorschein brachten. Da auch jede Menge Alkohol mit im Spiel war, reichte meine Mutter die Scheidung ein.

Zufällig tauchte genau zu dieser Zeit ihr erster Ehemann wieder auf, von dessen Existenz ich bis dahin gar nichts gewusst hatte. Ich dachte immer, mein Vater sei ihr erster Mann gewesen, denn aus meiner Abstammungsurkunde ist diese erste Ehe nicht ersichtlich. Weil sie offenbar noch sehr starke Gefühle füreinander hatten, war meine Mutter ganz bestimmt froh, in dieser schwierigen Zeit so schnell einen neuen Partner gefunden zu haben. So brach sie ihre Zelte umgehend ab und folgte ihrem ›neuen alten‹ Mann an dessen Wohnort. Aber das Glück währte nicht lange, denn er erkrankte an Krebs. Deswegen verging fast ein Jahr, bevor auch ich ihn kennenlernen konnte. Mir gefiel er auf Anhieb und wir verstanden uns sofort sehr gut.

Bevor ich allerdings die Gelegenheit hatte, ihn kennenzulernen, erlebte ich bei einem Verwandtenbesuch in München noch eine heftige Überraschung. Mir wurde nämlich (ganz zufällig und völlig unbeabsichtigt!) erzählt, dass ich noch einen älteren Bruder habe, was ich bis dahin ebenfalls nicht ahnte. Meine Mutter hatte offenbar kurz nach dem zweiten Weltkrieg sehr jung geheiratet und diesen Sohn bekommen. Die Ehe zerbrach kurz danach wieder und sie ließ den kleinen Jungen bei der Scheidung bei dessen Vater. Höchstens drei Jahre später hat sie dann, zwei Monate vor meiner Geburt, meinen Vater geheiratet, was ich aus meiner eigenen Abstammungsurkunde weiß. Sie selbst hatte ihren erstgeborenen Sohn offenbar auch erst jetzt, nach dem Wiedersehen mit dessen Vater, wieder getroffen. Nun hatte sie also nicht nur den Mann ihrer Jugend wieder, sondern auch noch den verlorenen Sohn.

Mich wühlte das alles so auf, dass ich zunächst einmal den Mund hielt und keine Fragen stellte. Gefragt habe ich mich allerdings, wann und wie mir meine Mutter von diesem Bruder erzählen würde. Das geschah dann auf eine eher ungewöhnliche Art und Weise. Als endlich der erste Besuch im neuen Heim meiner Mutter zustande kam, wurde mir ihr Sohn, der vier Jahre älter war als ich, eine Frau und zwei Kinder hatte, einfach als ›Dein neuer Bruder‹ vorgestellt. Wäre ich nicht vorgewarnt gewesen, ich weiß nicht, wie es mir in diesem Moment ergangen wäre. Noch Jahre danach habe ich mich gefragt, warum sich damals niemand über meine vermeintlich ›coole‹ Art damit umzugehen, gewundert hat.

Dann, eines Tages, es war genau einen Monat nach Deinem achtzehnten Geburtstag, lernte ich Tobias kennen, der mir gleich gewaltig den Hof machte. Ich war damals Mitte dreißig und er überschlug sich mit Einfällen, mich für ihn zu begeistern und hatte am Ende auch wirklich Erfolg damit. Mir gefiel er, denn er war ein amüsanter Kerl, der richtig Spaß am Leben hatte. Genau das brauchte ich ja. Jemand, dessen positive Lebenseinstellung mich mitreißen konnte. Wir verbrachten ein paar schöne Wochen miteinander, fuhren gemeinsam in Urlaub und unternahmen viel an den Wochenenden. Dann kam die Stunde der Wahrheit und es ging um die Frage, ob wir zusammenziehen sollten. Wir hatten beide schöne Wohnungen in ›guten‹ Gegenden von München, wobei die seine an einer sehr lauten Straße lag und meine fast im Grünen.

Die Bestimmtheit, mit der er seinen Willen durchsetze, nämlich, dass ich diejenige sein würde, die ihre Wohnung aufgeben sollte, hätte mich schon damals stutzig machen müssen, aber ich dachte offenbar nur an die Gründung (m)einer Familie und gab großzügig nach. Heute weiß ich, dass das nichts mit Toleranz, sondern mit purer Dummheit zu tun hatte.

Obwohl er mir ganz gut gefiel, gab es doch ein paar Dinge, die mir nicht passten, aber ich war zu faulen Kompromissen bereit. So lehnte er z. B. den alpinen Skisport ab, weil das die Natur zerstören würde und vom Golfspielen, das ich gerade erst ein Jahr zuvor begonnen hatte, hielt er überhaupt nichts. Aus Liebe zu ihm stellte ich Golfbag und Ski auf den Speicher und fuhr stattdessen Rad durch unwegsames Gelände, ging in die Berge zum Wandern und zum Eisstockschießen. Obwohl er ein Macho war, hatten wir eine schöne Zeit. Heute weiß ich, dass es überhaupt nur deswegen geklappt hat, weil ich immer noch nicht kapiert hatte, dass man, um glücklich zu sein, nicht alle Ansprüche erfüllen muss, die an einen gestellt werden.

Bevor ich bei Tobias einzog, führten wir noch eine Komplettrenovierung seiner Wohnung durch, denn die Räume trugen die deutliche Handschrift meiner Vorgängerin. Es folgten zwei durchaus schöne Jahre, in denen wir viel reisten und auch viele Feste für unsere Freunde gaben. Wir lebten in Saus und Braus, denn mein Freund verdiente gut und ich war eine sehr gute Gastgeberin und Hausfrau.

Durch den neuen Mann meiner Mutter normalisierte sich auch mein Kontakt zu ihr wieder, was aber weniger an ihr als ihm lag, denn er war das, was man landläufig einen ›Pfundskerl‹ nennt.

Schwierigkeiten hatte ich dagegen mit meinem ›neuen‹ Bruder und dessen Frau, die beide sehr hochnäsig waren und auf mich und meinen Freund herabsahen, weil sie Abitur hatten und wir beide nicht. Das alleine wäre noch erträglich gewesen, denn ein solches Verhalten kann man ja ignorieren, aber wenn sich zu so viel Arroganz dann auch noch Unverschämtheit und Geldgier gesellen, wird es für mich unerträglich. Bereits nach einem Jahr war klar, dass ›die Münchener‹ die Melkkuh der beiden waren. Den Grundstein für dieses Verhalten legte mein Halbbruder bereits bei unserem ersten Zusammentreffen. Im Gegensatz zu mir, wusste er schon vorher von der Existenz seiner beiden Halbgeschwister. So kam es, dass er mich seinen Kindern mit den Worten vorstellte: »Das ist Eure neue Erbtante Claudia.«

Sämtliche nachfolgenden Treffen waren davon geprägt, dass mein Freund und ich zum Beispiel alle Grillfeste zahlten und auch noch die ganze Arbeit verrichteten, während sich die beiden entspannt zurücklehnten und sich bedienen ließen. Nachdem wir uns das eine Weile angesehen hatten, stellten wir sie vor einem nächsten Besuch bei uns in einem Brief zur Rede. Die Antwort kam prompt und war dermaßen überheblich, dass ich den weiteren Kontakt zu ihnen ablehnte. Dem Familienfrieden war das zunächst nicht gerade zuträglich. ›Zunächst‹ schreibe ich deswegen, weil sie schon ein Jahr danach mit meinem Stiefvater und meiner Mutter ebenso umsprangen und dann auch die einen Riegel vorschoben.

Ansonsten verlief unser Leben ziemlich störungsfrei. Nachdem ich mit meinem Freund zwei Jahre zusammen gelebt hatte, fing er an, von Heirat zu sprechen. Ich selbst sah darin keine Notwendigkeit, denn ich war im Prinzip von ihm unabhängig und meine missratene erste Ehe saß mir immer noch in den Knochen, obwohl die Scheidung ja schon fast zehn Jahre zurück lag. Deswegen machte ich ihm klar, dass ich so auch zufrieden sei und für eine Ehe nur eine Notwendigkeit sehen würde, wenn wir ein Kind hätten. Wir sprachen ausgiebig über das Thema. Ich war mittlerweile Ende dreißig und wusste, dass dies meine letzte realistische Chance war, denn eine ältere Mutter wollte ich meinem Kind nicht zumuten. Da auch mein Freund äußerte, ein kinderlieber Zeitgenosse zu sein, der sich mit diesem Gedanken anfreunden kann, willigte ich ein. Weil ihn auch meine Familie gerne mochte – er war ein toller Gesellschafter! – feierten wir bald danach mit Familie und Freunden Hochzeit. Es war eine sehr schöne und harmonische Feier, die mir noch heute besonders angenehm im Gedächtnis ist. Auch unsere Hochzeitsreise, die wir ganz unspektakulär ›nur‹ nach Niederbayern machten, war die Harmonie selbst.

Danach ging unser Alltag weiter wie bisher, aber ich setzte meine Verhütungsvorkehrungen ab. Obwohl es früher ja einmal eine Zeit gab, in der ich beinahe auf Zuruf schwanger wurde, wollte sich nun keine Schwangerschaft einstellen. Meine Gedanken kreisten vermehrt um dieses Thema und ich leitete die eine oder andere Diskussion darüber in die Wege. In einer davon sagte mein Mann dann: »Sei doch froh! Was sollen wir denn jetzt noch mit einem Kind?«

Ich traute meinen Ohren nicht. Hatte Tobias mich nicht genau mit seinem Einverständnis zu meinem Kinderwunsch noch vor wenigen Monaten in die Ehe mit ihm gelockt? Sofort hatte ich den Verdacht, dass er möglicherweise gar nicht zeugungsfähig sein könnte und das auch noch wusste, denn von Kindern war mir nichts bekannt. Zuerst ging ich zu meinem Gynäkologen und ließ mich untersuchen. Als Nebenprodukt dieser Untersuchung wurde bei mir ein Zervixkarzinom im Frühstadium diagnostiziert. Da mein Arzt von meinem Kinderwunsch wusste, beruhigte er mich erst einmal und sagte, dass es in so einem frühen Stadium ausreiche, einen Teil des Muttermundes zu entfernen und ich durchaus noch ein Kind bekommen könne. Erstaunlich ruhig sprach ich mit ihm sofort die Terminierung der OP durch und ging erst einmal nach Hause.

Viel mehr beschäftigte mich das Verhalten meines Mannes. Er hatte mich ganz offensichtlich belogen und davon hatte ich ja eigentlich die Nase voll. Ab jetzt achtete ich viel mehr auf das, was er so von sich gab und auf sein Verhalten mir gegenüber. Erst dann nahm ich wirklich wahr, was für ein überzeugter Macho er doch war. Ich begann, mir auszumalen, was mich erwarten würde, wenn er seine Ansprüche zugunsten eines Kindes zurückstecken müsste und entschied mich nach langem Hin und Her gegen meinen Kinderwunsch. Meinem Wunschkind wollte ich ein glückliches Elternhaus bieten und dazu gehören für mich nun einmal überzeugte Mütter und Väter.

Deswegen bat ich den Arzt, mich auch gleichzeitig zu sterilisieren, denn ich betrachtete den Zug nun endgültig als abgefahren. Siehst Du Lisa, damit hat sich einundzwanzig Jahre nach Deiner Geburt das Kapitel mit dem Kinderkriegen für mich geschlossen, und ich war noch nicht einmal mehr traurig darüber.

Beide OPs sind komplikationslos über die Bühne gegangen, dafür wurde aber meine Ehe ›kompliziert‹. Obwohl mein Mann ja eigentlich froh über diese Entwicklung hätte sein müssen, wurde er immer unleidlicher mir gegenüber. Immer häufiger kam es zu Streitigkeiten und ich dachte, es liegt daran, dass ich teilweise die Lust am Sex verloren hatte. Eines Tages erfuhr ich dann den Grund für seine schlechte Laune: Ärger im Büro. Er war Geschäftsführer einer kleinen Firma und gerade im Begriff, alles hinzuschmeißen. Da er gerne auf großem Fuß lebte und ich nicht annähernd so viel Geld nach Hause brachte wie er, bat ich ihn um Vorsicht und Zurückhaltung. Er sah mich nur mitleidig an und sagte: »Halt' Du lieber den Mund bei Dingen, die Du nicht verstehst.«

Nun hatte Tobias nicht nur Zoff mit den Besitzern der Firma, sondern auch noch eine Wut auf mich. Ohne einen anderen Vertrag in der Tasche zu haben, hat er dann tatsächlich gekündigt und dafür auch noch eine satte Abfindung kassiert. Von da an hatte er erst einmal eine ziemlich gute Zeit, bewarb sich ständig auf Posten, für die er niemals geeignet gewesen wäre und wartete ab. Unsere Ehe ging derweil in die Brüche, denn nun hatte ich nicht nur einen Ganztagsjob und den kompletten Haushalt mit Garten am Hals, sondern auch noch einen stets ausgeruhten Mann, den es jeden zweiten Abend und jedes Wochenende aus dem Haus bzw. der Stadt zog, da ihm langweilig war.

Eines Tages bat er mich darum, eine Bankbürgschaft zu unterschreiben. Da war bei mir der Faden gerissen und ich zwang ihn, seine Finanzen offen zu legen. Es gab nicht mehr viel aufzudecken, außer Schulden. Über ein Jahr lang war er meinen Fragen ausgewichen oder hatte mich fast schon verächtlich vorgeführt und ich hatte den Fehler gemacht nachzugeben. Das war jetzt die Rechnung dafür. Da mein Mann nur äußerst ungern auf seinen aufwändigen Lebensstil verzichten wollte, suchte ich mir einen interessanten Job in einer kostengünstigeren Stadt und zwang ihn so zum Umzug.

Lisa, kannst Du Dich noch an das erinnern, was ich Dir zu Deinem Anruf bei meiner Tante erzählte – sie hätte mich damals nicht erreichen können, weil ich umgezogen war? Das muss genau der Umzug gewesen sein!

Diese Aktion konnte unsere Haushaltskasse tatsächlich entlasten, die latent vorhandene Ehekrise aber schwelte weiter. Tobias machte nach wie vor nur das, was er für richtig hielt, hatte ab und zu sogar Arbeit, aber richtig Fuß fassen konnte er beruflich nicht.

Obwohl ich mich seelisch längst von meinem Mann gelöst hatte, gelang mir das physisch ganz und gar nicht. Ich war zu diesem Zeitpunkt wieder einmal völlig fertig und hatte nicht die Kraft, mich gegen irgendetwas aufzulehnen. Mir war instinktiv klar, dass ich erst einmal zur Ruhe kommen musste, damit ich überhaupt klar denken konnte. In den folgenden Monaten ging ich deswegen jeglichem Ärger und Streit aus dem Wege und absolvierte regelrecht robotermäßig meine tägliche Arbeit – ich ›funktionierte‹ nur noch. Nach außen hin spielten wir allen Theater vor und zu Hause gingen wir uns aus dem Weg. Ab und zu, meistens nach einer feucht-fröhlichen Runde mit Freunden, rollte sich mein Mann nachts über mich und sorgte dafür, dass ihm wegen eines Sperma-Staus keine Pickel wachsen konnten (seine Theorie). Davor hatte er offenbar panische Angst. Mit Liebe hatte das jedenfalls nichts mehr zu tun.

Während einer Urlaubsreise nach Asien hat Tobias mich dann so schwer seelisch misshandelt, dass ich nach der Rückkehr die Scheidung eingereicht habe. Mit fünfundvierzig Jahren sah ich eine letzte Chance doch noch ein glücklicher Mensch werden zu können. Zunächst hatte er mich deswegen nur verspottet und verhöhnt, von wegen ›dazu bist Du doch gar nicht in der Lage‹ und andere Sprüche, aber zu seiner Verwunderung war ich dazu stark genug.

Nachdem auch er nicht mehr an meiner Ernsthaftigkeit zweifeln konnte, gab er umgehend eine brillante Heiratsannonce auf. Es kamen ›waschkorbweise‹ Zuschriften ins Haus und er ging regelmäßig zu seinen ›Interviews‹ außer Haus. Mir war das recht so, denn es entspannte sein Verhältnis zu mir und das war auch nötig, solange die Wohnsituation nicht geklärt war.

Als er einmal über das ganze Wochenende zu seiner Mutter gereist war, rief eine der Damen aus dem ›Wäschekorb‹ an und fragte nach ihm. Da ich wegen seiner Abwesenheit richtig gut drauf war, gab ich ihr gut gelaunt Auskunft, während ich mich innerlich darüber amüsierte, dass ich bereitwillig auch noch solche Liebesdienste für Tobias übernahm – nur um ihn auch wirklich los zu werden. Die nette Dame am Ende der Leitung plauderte genauso fröhlich mit mir und plötzlich erzählte sie mir, was für ein toller Mann (mein) Tobias doch sei. Obwohl es mir in den Ohren klingelte und mir fast die Spucke wegblieb, hörte ich ihr aufmerksam zu. So erfuhr ich, dass sie ein paar Tage zuvor eine tolle Bergtour gemacht hatten und was für einen liebevoll gepackten Picknickkorb er für sie beide dabei gehabt hätte. Diesen Korb kannte ich nur zu gut …

Irgendwann, als sie während ihrer euphorischen Erzählung eine kleine Pause machte, nutzte ich diese Gelegenheit, ihr zu sagen, dass ich jetzt eigentlich keine Zeit mehr hätte und das Gespräch beenden müsse. Sie entschuldigte sich überschwänglich und meinte dann sehr freundlich aufmunternd, dass es sehr nett gewesen wäre, mit mir zu plaudern und dann mutmaßte sie noch, dass ich sicher seine Mutter sei. Ich wollte gerade schallend lachen, besann mich aber eines Besseren, denn dieses naive Blauauge tat mir unermesslich leid. Zudem wollte ich ja unbedingt verhindern, dass sie sich womöglich noch von ihm abwandte. So sagte ich nur ganz ›cool‹ zu ihr, dass er ja gerade zu seiner Mutter unterwegs sei und ich nur die Haushälterin wäre. Erstaunlicherweise fand sie gar nichts komisch daran, bedankte sich noch einmal sehr höflich und legte auf. Ich aber wurde sehr nachdenklich, brühte mir erst einmal einen Kaffee auf und setzte mich in den Garten.

Mein Auszug und unsere Scheidung waren dann nur noch reine Formsache, allerdings hat mir dieser ›tolle Mann‹ einen beträchtlichen Batzen Schulden mit überlassen, an dem ich gute zehn Jahre zu knabbern hatte. Dass ich das mit den Schulden nicht verhindert hatte, war auch mein Fehler gewesen, und so nahm ich die Herausforderung an und freute mich ansonsten auf mein neues Leben. Es war nicht ganz einfach, aber ich wuchs regelrecht über mich hinaus. Mit jedem Monat wurde ich stärker und selbstbewusster. Seither macht mir das Leben so viel Spaß wie nie zuvor. Rückschläge können mich nicht mehr schrecken. Im Gegenteil. Ich sehe sie inzwischen als Herausforderung an. In den letzten Jahren ist so viel passiert, dass ich Dir stundenlang erzählen könnte.

## Wir haben uns wieder

Liebe Lisa,

den erfreulichsten Teil dieses Megabriefes liefere ich Dir am Schluss, außerdem ist dieser natürlich auch viel einfacher zu schreiben.

Weil mein Mann darauf bestanden hatte, dass i c h ausziehe und nicht er, obwohl alle anderen, inklusive unseres Vermieters, nicht seiner erklärten Meinung waren, gab ich nach und suchte mir eine neue Wohnung. Tobias tat das aus reiner Boshaftigkeit, denn er selbst war weder in der Lage ein Haus mit sieben Zimmern, zwei Bädern und einem Garten zu pflegen, noch hatte er einen Bedarf dafür. Zum Zeitpunkt unserer Trennung hatte er schon längst eine neue Freundin, die in einer anderen Stadt lebte und dazu auch noch in ihrem eigenen Haus wohnte.

Meine neue Bleibe musste ich vor dem Einzug komplett renovieren und das bedeutete, dass ich ganz alleine in drei Zimmern Laminat verlegte und am Ende noch alle Wände und Heizkörper frisch anstrich. Während dieser vier Wochen und bis zu meinem anschließenden Umzug, der sich über drei Wochen hinzog, konnte ich bereits sehen, wie das Haus verlotterte, auf dem er so bestanden hat. Das war kein Wunder, denn er hielt sich ja höchst selten dort auf. Kaum ein halbes Jahr später kündigte er den Mietvertrag und zog zu der ›Neuen‹. Der Umzug in mein neues Heim war mein dreizehnter mit eigenem Hausstand. Für andere mag ›der Dreizehnte‹ ein schlechtes Omen sein, ich aber kann mir diese Denkart nicht leisten, denn ich wurde an einem ›Freitag dem Dreizehnten‹ geboren.

In den nun folgenden Jahren kümmerte ich mich nur um mich. Als Erstes kaufte ich mir ein paar ›Inliner‹ und nutzte im Sommer und Herbst so manche schöne Abendstunde zum Rollern durch die nahen Flussauen. In der kalten Jahreszeit ging ich Joggen und bei Schnee und Eis in die Sauna oder ins Hallenbad. Und dann befand sich ja auch noch mein total verstaubtes Golfbag im Keller. Dieses kramte ich auch noch hervor, ließ an die Schläger neue Griffe montieren und marschierte erst einmal auf eine ›Driving Range‹ zum Üben. Allerdings merkte ich schnell, dass es besser wäre, erst einmal ein paar Stunden beim ›Pro‹ zu nehmen. Der alte ›Biss‹ ließ nicht lange auf sich warten, und so meldete ich mich umgehend für ein Schnupperjahr in einem Club an.

Trotz diverser Sorgen ging es mir richtig gut. Beruflich arbeitete ich wie eine Besessene, denn ich wollte mich unbedingt verändern, was ich dann auch schaffte. So flogen die Jahre dahin, ich hatte Erfolge, lernte viel dazu, konnte viel reisen und arbeitete mit ausländischen Partnern und Kunden zusammen.

Sowohl der Beruf als auch meine sportlichen Aktivitäten brachten mir jede Menge neuer, teilweise richtig spannender Bekanntschaften ein. Eine davon, ein Golfer, sollte meinem Leben eine ganz entscheidende Wende geben und das zu einer Zeit, wo ich mich sowieso im Umbruch befand. Ich war gerade arbeitslos geworden, weil der Chef unserer kleinen Firma selbige an die Wand gefahren hatte. All die vielen unbezahlten Überstunden hatten nichts genutzt, und so standen wir alle innerhalb weniger Wochen auf der Straße. Geblieben ist mir aber ein immenser Fundus an Wissen, und genau auf diesen Schatz setzte ich nun. Bereits nach vier Wochen hatte ich einen neuen Job – in der gleichen Branche, unbefristet und dazu auch noch höher dotiert. Da ich erst zwei Monate später anfangen konnte, genoss ich derweil die Pause – und weil gerade Sommer war, ging ich unter der Woche mit Freunden segeln, fuhr an den Baggersee zum Schwimmen oder spielte Golf.

Da Du diesen schönen Sport ja auch betreibst, wirst Du sicher wissen, wie lange man für achtzehn Loch benötigt. Wenn man dann so eine lange Runde auch noch zu zweit geht, hat man zwischen den Schlägen ausreichend Zeit zum Quatschen. Als ich am 8. August 2002 mit meinem Bekannten auf so einer Runde unterwegs war, bemerkte er eine gewisse Unkonzentriertheit beziehungsweise Nachdenklichkeit an mir.

»Sag mal, ist etwas mit Deinem neuen Job? Du bist heute so nachdenklich‹‹, fragte er mich.

„Nein, nein. Es ist alles bestens‹‹, beeilte ich mich zu antworten.

»Aber ...‹‹, hakte er nach.

Ich merkte, dass ich ihm nicht entkommen konnte und klärte ihn darüber auf, dass Du, liebe Lisa, an diesem Tag Geburtstag hast und ich Dich eigentlich gar nicht kenne und so weiter und so fort. Charly bohrte so lange nach, bis er die ganze Geschichte in groben Zügen kannte. Er war fassungslos. Inzwischen waren wir längst am achtzehnten Loch angekommen und schickten uns an, unser ›Besteck‹ zu säubern. Dort an der alten Viehtränke, wo das Wasser fortwährend aus dem dünnen Eisenrohr in den Holztrog plätscherte, sagte Charly: »Du musst sie suchen, Claudia!‹‹

»Nichts würde ich lieber tun‹‹, antwortet ich knapp und fügte noch hinzu: »Aber ich habe kein Recht dazu, in ihr Leben einzudringen und sie womöglich noch zu beeinflussen.«

»So ein Quatsch!«, schalt er mich. »Auf i h r e Emotionen nimmst Du Rücksicht und Deine trittst Du mit Füßen. Ich sehe doch, wie nahe Dir das alles geht und wie sehr Du darunter leidest. Willst Du etwa bis an Dein Lebensende so weiter machen?«, fragte er mich und sah mich dabei ungläubig an. »Oder hast Du etwa Angst vor der Wahrheit?«

Das saß, denn Angst spielte dabei eine ganz entscheidende Rolle, und so antwortete ich wahrheitsgemäß: »Es ist beides. Als Herkunftsmutter habe ich kein Recht dazu, sie zu suchen und brutale Angst davor, ihr eines Tages gegenüber zu stehen, habe ich auch. Vor allem davor, dass sie mich ignorieren, ablehnen oder gar verachten könnte.«

Charly war sichtlich betroffen und nahm mich spontan in den Arm, um mich ganz fest zu drücken. Dann sagte er: »Weißt Du, ich habe leider nie Kinder gehabt, aber ich mag Kinder. Vergiss Deine Zweifel und Bedenken. Du m u s s t einfach nach Deinem Kind suchen. Das ist das einzige, was Du ihr wirklich schuldig bist. Suche sie und wenn Du sie gefunden hast, dann fahre ich Dich hin, denn Du dürftest dann so von der Rolle sein, dass Du womöglich noch einen Unfall baust.« Dabei grinste er über das ganze Gesicht, obwohl er das eigentlich nicht spaßig fand.

Beim anschließenden Essen in einem gemütlichen Biergarten redete er so lange auf mich ein, bis ich ihm hoch und heilig versprochen hatte, eine Suche zu starten. An diesem Tag hast Du irgendwo Deinen dreiunddreißigsten Geburtstag gefeiert.

Wie es der Zufall wollte, strahlte genau in der darauf folgenden Woche irgendein TV-Kanal eine Sendung aus, in der es um das Auffinden von ›verschollenen‹ Verwandten, Kollegen, Freunden und Schulkameraden ging. Genau auf solche Suchen hatte sich eine Agentur spezialisiert. Gleich am nächsten Tag nahm ich zu dieser per Internet Kontakt auf und brachte mein Anliegen vor. Einen Tag später bekam ich einen Anruf der Agentur.

Die nette Dame erklärte mir, dass ich mir eigentlich ihre Dienste sowie das Geld dafür sparen könne, denn der erste Ansprechpartner in solchen Angelegenheiten wäre das damals zuständige Jugendamt, und auch sie selbst würde diesen Weg gehen. Dann klärte sie mich erst einmal darüber auf, dass auch Frauen wie ich bei den Jugendämtern anfragen könnten, auch wenn natürlich kein Recht auf Auskunft bestünde. In meinem Fall sehe sie eine gute Chance, weil das adoptierte Kind schon längst selbst entscheiden könne.

Ich war ganz erstaunt über diese Neuigkeiten, und mich beschlich sofort wieder die Angst vor dem, was ich da womöglich zu hören bekam. Deswegen bat ich darum, diese Anfrage für mich zu tätigen, denn ich hätte nicht die Kraft dazu.

»Das kann ich gut verstehen. Ich hatte schon etliche solcher Fälle. Es ist für niemanden einfach, ganz sicher auch für Ihre Tochter nicht. Ich werde das für sie erledigen.«

Dann sagte sie noch, dass die Wahrscheinlichkeit, Dich zu finden, sehr hoch sei, ich mir aber darüber im Klaren sein müsse, dass die Suche für mich schmerzhaft enden könnte. Viele Adoptivkinder wollen zwar durchaus erfahren, wer ihre leiblichen Eltern sind, einen Kontakt würden sie leider aber oft aus Rücksicht vor den Gefühlen ihrer Adoptiveltern oder wegen Hassgefühlen ihren Herkunftsfamilien gegenüber, ablehnen. Ebenso könnte es sein, dass ich Dinge erfahren würde, die mir gar nicht gefallen. Zusätzlich gab sie mir noch den Tipp, mich in den diversen Adoptionsforen umzusehen, denn dort könne man ebenfalls Suchanfragen absetzen oder nachlesen, welche Erfahrungen andere Betroffene gemacht haben. Das tat ich umgehend, denn ich wollte unbedingt verhindern, dass ich doch noch ›kalte Füße‹ bekäme, und außerdem war ich inzwischen ganz schön neugierig.

Bereits eine Woche später erhielt ich von der Agentur die Nachricht, ich möge mich beim Jugendamt melden und dort erklären, warum ich nach Dir suchen würde. Auch das machte ich sofort, aber die Frage fand ich irgendwie absurd. Es müsste doch jedem klar sein, warum eine Frau, die als Minderjährige ihr Kind zur (Inkognito)Adoption freigegeben hat, wissen will, was aus diesem geworden ist – dachte ich.

In dem ersten Telefonat, das ich dann mit dem Sachbearbeiter führte, musste ich ihm zunächst schildern, wie das damals war und dann erklären, warum ich Dich jetzt suchen würde. Im Verlaufe des Telefonats sagte der Sachbearbeiter: »Ein Fall wie ihrer würde heute gar nicht mehr so laufen. Da hätte es auch andere Möglichkeiten gegeben.« Mir half das zwar in der Sache nicht mehr, aber ein kleiner Trost war es in diesem Moment doch, denn es bedeutete für mich wieder einen winzigen Schritt weg von meinen eingeimpften Schuldgefühlen.

Weil in seinen Worten ein klein wenig Mitleid mitschwang, konnte ich mir sicher sein, dass er mir auf jeden Fall dabei helfen würde, einen Kontakt zu Dir herzustellen. Nachdem Du Dich damals nie mehr bei meiner Tante gemeldet hattest, wagte ich zu diesem Zeitpunkt sowieso nicht, auf ein Treffen zu hoffen.

Und dann sagte er plötzlich, dass auch Du Dich bei seinem Amt gemeldet hättest und ich solle Dir doch einen Brief schreiben, den er dann weiterleiten würde.

»Also doch!«, dachte ich mir, während ich den Hörer auflegte. »Auch sie sucht mich. Vielleicht sehe ich sie nun doch noch wieder ...«

In den ersten Minuten konnte ich mich gar nicht von der Stelle rühren, dann ging ich ins Bad und fing erst einmal zu heulen an. Als ich mich wieder beruhigt hatte, schrieb ich sofort eine E-Mail an Charly und berichtete ihm, was passiert war. Noch am selben Abend kam sein Anruf. Ich erzählte ihm, dass ich mich gleich hinsetzen würde, um Dir zu schreiben, aber er bremste mich erst einmal aus.

»Bitte tue das erst am Wochenende, wenn Du viel Zeit hast – und lass mich den Brief vor dem Abschicken lesen. Wenn Du jetzt einen Fehler machst, antwortet sie vielleicht gar nicht«, warnte Charly mich noch.

Weil ich mich kannte, wusste ich, dass er Recht hatte. Ich bin ein hundertprozentiger Gefühlsmensch, und bei diesen liegen bekanntlich Freud und Leid sehr eng beisammen. Als ich mich zwei Tage später endlich an den Schreibtisch setzte, war ich trotzdem unheimlich aufgeregt. Ich habe die erfolglosen Versuche nicht gezählt, aber Du kennst sicher die Cartoons von den glücklosen Schriftstellern, um deren Schreibtisch sich

Berge von zerknülltem Papier angesammelt haben. Die von mir dann als ›gut‹ befundene Version ließ ich umgehend Charly zukommen. Zu meiner großen Überraschung hatte er gar nicht so viel daran auszusetzen, abgesehen davon, dass er so zirka sieben ›Bitten um Entschuldigung‹ raus streichen musste. »Die solltest Du weglassen und lieber Deine Mutter fragen, was s i e dazu zu sagen hat!«, fügte er hinzu, und zum Schluss stellte er noch anerkennend fest: »Wenn sie diesen Brief gelesen hat, wird sie Dich ganz sicher treffen wollen.«

Derart beflügelt, machte ich mich gleich an die notwendigen Korrekturen und steckte alles in einen großen Umschlag an das Jugendamt. Den Brief an Dich musste ich auf Anweisung des Sachbearbeiters allerdings offen lassen. Ich fand das zwar erniedrigend und es erinnerte mich an die Stasimethoden der alten DDR, aber ich tat, was er mir ansagte, denn verscherzen wollte ich es mir mit ihm auf gar keinen Fall.

Für die Antwort an mich hast Du Dir sehr lange Zeit gelassen. Wochenlang habe ich mit zitternden Fingern den kleinen Schlüssel in den Briefkasten gesteckt und musste die Klappe nach dem Entleeren dann doch enttäuscht wieder schließen. Als er dann eines Tages drin lag, Dein quittengelber Brief, habe ich ihn stundenlang liegen lassen, weil ich mich davor fürchtete, ihn zu öffnen.

Als ich es dann doch tat, hielt ich zwei eng beschriebene, leuchtend gelbe Blätter in der Hand. Die Freude über so viel Post von Dir wurde gleich zu Beginn getrübt, als ich die Frage las, woher denn mein ›plötzlicher‹ Wissensdrang käme. Mich hat diese zynische Bemerkung nicht nur geschockt, sondern sehr verletzt. Vor allem die Verwendung des Wortes ›plötzlich‹, denn wissen wollte ich das, seit ich Dich weggeben musste ja täglich. Dann aber fiel mir ein, dass Du ja von mir so gut wie nichts wusstest. Wer hätte Dir auch die Wahrheit erzählen sollen? Du wusstest nur, dass Du dort, wo Du geboren wurdest, nicht willkommen warst, während Dich ›wildfremde‹ Menschen nicht nur mit offenen Armen, sondern auch mit ganzem Herzen erwartet haben.

Und während Du womöglich jahrelang geglaubt hast, ich hätte Dich aus egoistischen Gründen ›abgeschoben‹, um hauptsächlich an mich zu denken, habe ich mich immer nach unserer kleinen Familie gesehnt. Glaube mir, auch ich habe Erfahrung gesammelt im ›Abgeschoben werden‹, und das Gefühl nicht oder nicht mehr gebraucht zu werden, ist mir sehr vertraut. Es ist wirklich ein Scheißgefühl. Dabei ist es unerheblich zu wissen, ob dieses Gefühl berechtigt ist oder der Phantasie entspringt.

Heute mache ich dem damaligen Sachbearbeiter vom Jugendamt Vorwürfe, dass er mich nicht dazu aufgefordert hat, für Dich einen Brief zu hinterlassen. Vielleicht hatte er mir noch nicht einmal diese Möglichkeit eröffnet. Ich weiß es nicht mehr. In meinem Fall hätte so ein Brief womöglich sogar dazu führen können, dass sich die Blockade in meinem Hirn gelöst hätte und ich endlich erkannt hätte, wie sehr ich von zu Hause manipuliert wurde. Manchmal hilft es ja, wenn man etwas zu Papier bringt ...

Die Enttäuschung, die mich durch Deine Bemerkung überkam, war natürlich schnell wieder verflogen. Mit großer Freude und Erleichterung habe ich vernommen, dass Du sehr viel Glück mit Deinen Adoptiveltern gehabt hast, es Dir immer gut gegangen ist und Du Deine Eltern ins Herz geschlossen hast. Wenigstens hier haben die Adoptionsmechanismen hervorragend gearbeitet. Dieses zu erfahren, war der größte Wunsch gewesen, den ich all die Jahre hatte. Jahrzehnte lang quälte ich mich nämlich mit einem sehr schlechten Gewissen herum – für etwas, das über meinen Kopf hinweg entschieden wurde. Jetzt vielleicht zu hören, dass es Dir schlecht ergangen war, hätte mir den Rest gegeben.

Diese negative Seite von Adoption ist ein Aspekt, den man abgebenden Müttern nur selten näher bringt, wenn sie sich beraten‹ lassen, falls sie überhaupt je ›beraten‹ werden. Zu diesem Punkt habe ich inzwischen ein sehr negatives Bild und das ist nicht nur durch subjektive Eindrücke und Erlebnisse begründet. Auf Internetplattformen von Jugendämtern findet man heutzutage meistens Informationsbroschüren über das Thema Adoption. Wenn man sich darin die Kapitel für, beziehungsweise über abgebende Mütter etwas genauer ansieht, glaubt man manchmal, dass man eine perfekt gestaltete Werbebroschüre für Lifestyleprodukte in der Hand hat, so positiv wird das Weggeben von Kindern dort manchmal dargestellt. In einer habe ich sogar eine ganze Seite über Raben und ›Rabeneltern‹ gefunden, mit dem Hinweis darauf, dass das doch wirklich ›nette‹ Informationen über vermeintlich unglückselige Tiere seien. So etwas macht Frauen wie mich mehr als wütend.

Über Deine negative Meinung zu einem Treffen mit mir war ich natürlich sehr enttäuscht, denn ich selbst war bereit dazu. Damals tröstete ich mich mit dem Gedanken, dass irgendwann die Neugier siegen würde, aber darin habe ich mich wohl getäuscht. Seit unseren ersten Briefen, die ich zunächst an Deine Freundin schicken musste, weil Du Deine Identität hast wahren wollen, sind inzwischen sechs Jahre vergangen und es ist viel passiert. Zum Glück haben wir danach die E-Mail-Möglichkeit genutzt, welche Dir weiterhin die Anonymität bewahren konnte. Unser Kontakt wurde dadurch aber erheblich einfacher und selbst spontane Reaktionen waren nun möglich.

Auf diese Art und Weise haben wir über die Jahre einiges voneinander erfahren. Es gab sogar eine Zeit, in der Du mir sehr persönliche Dinge anvertraut oder Deine Gefühle offenbart hast. Das waren die Momente, die mich dann wieder über Zeiten des Schweigens hinüber gerettet haben, denn die gab es ja auch. Monatelang habe ich vergeblich auf eine E-Mail von Dir gewartet, und immer wieder plagten mich die Fragen, ob ich möglicherweise etwas falsch gemacht haben könnte. Glücklicherweise stellte sich das dann aber stets als unnötige Panik heraus. Leider wurden Deine Briefe mit der Zeit immer ›förmlicher‹, jedenfalls habe ich das so empfunden, und meine Hoffnung auf ein Wiedersehen rückte dadurch mehr und mehr in die Ferne. Über diese Klippe rettete mich die Tatsache Deiner Heirat sowie die bevorstehende Geburt von Eurem Sohn. Als gleich zwei solch einschneidender Ereignisse anstanden, wurde die Zeit vermutlich ganz schön knapp für Dich, denn auch Du bist beruflich ja sehr engagiert.

Zwei Dinge sollen Kinder
von ihren Eltern bekommen:
Wurzeln und Flügel.

(J. W. von Goethe)

## Ein vorläufiges Fazit

Nun, liebe Lisa,

Deine Wurzeln hast Du unwiderruflich von Deinen leiblichen Eltern mitbekommen. Die Flügel, die Dich dazu in die Lage versetzt haben, sicher und mit Freude und Erlebnisdrang hinaus ins Leben zu gleiten, haben Dir Deine Adoptiveltern verliehen.

Nachdem ich Dir sehr viel über Deine und meine Wurzeln berichtet habe, möchte ich Dir noch erklären, warum ich erst jetzt über das reden kann, was für mich diese Adoption bedeutet hat. Erst vor einem Jahr, fünf Jahre nach unserem Wiederfinden, als ich mit der Distanz zwischen Dir und mir nicht mehr richtig fertig wurde, habe ich mich genauer über das informiert, was wir Adoptionswesen nennen. Nicht nur dieses Wissen hat mir dann dabei geholfen, meine eigene Handlungsweise von damals besser zu verstehen.

Seither habe ich überhaupt keine Lust mehr, mich irgendwie ›schuldig‹ zu fühlen, denn weder mein eigener Wille, noch ein eigennütziges Verhalten meinerseits, haben damals zu der Adoption geführt. Die Ursache ist primär wohl darin zu finden, dass ich die falsche Mutter ›erwischt‹ habe, die sich offenbar nicht richtig um mich gekümmert hat, denn ich hatte kein Vertrauen zu ihr und aufgeklärt war ich definitiv mit siebzehn auch noch nicht. Nach Deiner Geburt hat dann das Jugendamt mit seiner ›Aufklärungsarbeit‹, zu der es laut Gesetz eigentlich verpflichtet gewesen wäre, auch noch versagt. Selbst wenn Deine Großmutter eine hervorragende Schauspielerin sein mag, so hätten sich Sozialarbeiter, die explizit auf Familienarbeit spezialisiert sind, eigentlich von ihr nicht derart hinter das Licht führen lassen dürfen.

Anders kann ich es mir heute jedenfalls nicht erklären, dass die Absprachen über Dein und mein Schicksal damals ganz offensichtlich nur zwischen meiner Mutter und dem Jugendamt gelaufen sind. Für den ganzen Handel haben sie gerade einmal drei oder vier Tage benötigt, denn länger hat es ja nicht gedauert von der Entdeckung meiner Schwangerschaft, bis hin zu dem Besuch der Dame vom Jugendamt an meinem Krankenhausbett. Bereits bei diesem ersten Kontakt wurde von Adoption gesprochen, was mit Sicherheit niemals von mir aus ging. Weder Dein Vater noch ich hatten so etwas je im Sinn gehabt!

Diese Profis hätten erkennen müssen, dass ich nur die Marionette meiner Mutter war. Dafür, dass sie es nicht wahrnahmen, kann es viele Gründe geben. Jeder, der sich einmal vor Augen führt, wie viele unglückliche Ehepaare auf ein einziges zur Adoption freigegebenes Neugeborene aus ›gutem Hause‹ warten, kann sich sicher den Druck vorstellen, dem die ausführenden Behörden hier ausgesetzt sind. Wäre es da nicht verständlich, hauptsächlich in die eine Richtung hin zu beraten? Welches Interesse sollte ein solcher Berater daran haben, einer jungen unreifen Mutter wie mir dazu zu verhelfen, ihr Baby behalten zu können? In seinen Augen werden die ›reifen‹ und gut situierten Adoptionseltern immer die bessere Wahl sein. Diesen Mächten kann nur eine starke Mutter entgegen wirken, aber eine solche kommt selten in so eine missliche Lage. In der Wirtschaft würde man das als Interessenskonflikt bezeichnen und für höchst bedenklich halten.

Bis vor kurzem nahm ich an, dass mein Leben hauptsächlich durch die Adoption geprägt wurde. Dieses einschneidende Ereignis lastete immerhin so schwer auf meinen Schultern, dass ich mich in so mancher Lebenskrise sogar fragte, warum ich nicht abgetrieben habe. Weil ich aber beides erleben musste, kann ich Dir versichern, dass beide Varianten nur sehr schwer zu ertragen sind, besonders, wenn man sich dazu hat überreden lassen.

Inzwischen bin ich siebenundfünfzig Jahre alt, und ich möchte nicht ein einziges Jahr jünger sein. Man sagt so schön, dass mit dem Alter die Weisheit kommt, und so empfinde besonders ich dieses ›älter werden‹ nicht als Fluch sondern als Segen. Ob ich allerdings tatsächlich ›weise‹ geworden bin, bleibt zu klären. Tatsache ist aber, dass ich mittlerweile einige meiner Handlungsweisen besser einschätzen kann. Erst jetzt wurde mir klar, dass mein ganzes Denken zeitlebens von einer nicht vollständig ausgereiften Persönlichkeit und einer verkümmerten Seele geprägt war. Meine Kardinalsfehler habe ich offenbar hauptsächlich dadurch begangen, dass mir seit der Kindheit gewisse Ressourcen fehlten, aus denen andere Menschen schöpfen können. So hinkte zum Beispiel meine schon sehr früh verletzte Seele Zeit meines Lebens irgendwie hinterher und versuchte mit mir Schritt zu halten. Meine Mitmenschen haben von diesen Defiziten aber nicht viel mitbekommen, denn nach außen hin erscheine ich bis heute als besonders stark und belastbar. Nun, wie Du ja lesen konntest, haben mich manche dann auch ganz schön ›belastet‹ und diejenigen, die gemerkt haben, wie ›schwach‹ ich eigentlich bin, haben die Gelegenheit genutzt, mich zu manipulieren und schamlos auszunutzen. Langsam wache ich aber auf und fange an, mich zu wehren. Das mag einige derer, die mich heute als besonders ›unleidlich‹ bezeichnen, sehr verwundern, was wiederum mich dann sehr amüsiert.

Geblieben ist mir eine große Traurigkeit sowie ein unendliches Bedauern, dass Du ohne mich hast aufwachsen müssen, beziehungsweise ich damals nicht in der Lage war zu verhindern, dass man Dich aus unserer Familie verbannte. Mir ist es bis zum heutigen Tage unbegreiflich, dass Menschen, dazu auch noch ganz ohne Not, zu so etwas fähig sind. Ich kann nur mühsam meinen Kummer darüber ausdrücken, dass ich Dir nie habe Deinen kleinen Popo säubern und ölen dürfen. Nie habe ich ein Pflaster aufkleben und dieses später wieder, begleitet von vielen tröstenden Worten, ›abreißen‹ müssen. Ich habe Dich nicht zum ersten Schulgang begleiten können und auch nicht miterlebt, wie Du stolz mit Deinem Abiturzeugnis im Gepäck hinaus in die große weite Welt aufgebrochen bist. Ebenfalls verwehrt blieb es mir, mir Sorgen zu machen, wenn Du im Ausland warst und ich nicht hätte einmal schnell zur Hilfe eilen können. Noch viel schlimmer war für mich das bittere Gefühl, außen vor dem Sperrzaun zu sitzen, als Du geheiratet hast, nachdem wir uns längst wieder gefunden hatten und Deine ganze Familie mit Dir feiern durfte. Von dem, was ich während Deiner Schwangerschaft durchlebte, möchte ich hier erst gar nicht zu sprechen beginnen. Das sind dann die Momente, wo wir Herkunftsmütter uns so richtig ›unerwünscht‹ vorkommen.

Über dreißig Jahre lang wusste ich von Dir gar nichts. Beinahe täglich plagten mich die Fragen, auf die es laut Gesetz im Falle von Inkognito-Adoptionen keine Antwort geben durfte. Was war wohl aus Dir geworden, wo warst Du, wie ging es Dir? Das Thema Deiner Adoption war in unserer Familie ein absolutes Tabu-Thema, und in unserer gesamten Gesellschaft war das nicht viel anders. Wenn man es genau betrachtet, hat sich daran bis zum heutigen Tag nicht viel geändert. Als ich kürzlich einmal in einem Internetforum für ältere Menschen – lach' jetzt nicht! Ja ich treibe mich bereits in ›Rentnerclubs‹ herum – das Thema Adoption und Herkunftsmütter anschnitt, bekam ich Sätze wie diese zu hören: »In der heutigen wissenschaftlich medizinisch fortgeschrittenen Zeit, mit den vielfältigsten Verhütungsmethoden muss Frau nicht schwanger werden ...« oder »...Da sollte Frau doch verantwortungsbewusst genug sein und eben aufpassen, sprich verhüten ...« oder »Bei allem Verständnis für gewisse Situationen und Notlagen ... für mich persönlich würde es keine Gründe geben, ein Kind wegzugeben, nicht einen einzigen ...«.

Natürlich gab es auch verständnisvolle Zeitgenossen, aber es hat mich schon geschockt, mit wie viel Unwissen, Dummheit und Intoleranz manche hier aufwarten. In anderem Zusammenhang ist mir auch aufgefallen, dass das Thema ›Familie‹, selbst im Normalfall, bereits schon so eine Art Tabuzone ist. Ich zweifle teilweise doch sehr daran, ob wir uns alle darüber im Klaren sind, wie viel Gewicht der Familienverband im Leben eines Menschen hat.

Was heißt in meinem und Deinem Fall eigentlich ›Familie‹? Verdient eine Gemeinschaft, die eines ihrer Mitglieder derart im Regen stehen lässt, eigentlich diese bedeutungsvolle Bezeichnung? Wie kann es sein, dass es niemandem auffällt, wenn Kinder und Jugendliche jahrelang psychisch und körperlich misshandelt und geschädigt werden? Wie kann es sein, dass Lehrer nur dann den Grund für schlechte schulische Leistungen suchen, wenn ›etwas passiert ist?‹. In meinem und Deinen Fall, liebe Lisa, wäre uns unser beider Schicksal vielleicht erspart geblieben, hätten andere sich auch einmal diese Fragen gestellt. Selbst mit Baby hätte ich theoretisch schon damals mein Abitur machen können, um später vielleicht doch noch in die Fußstapfen meines Vaters treten zu können. Umso mehr freut es mich nun, dass wenigstens mein Kind seine Träume hat verwirklichen können, weil es das Glück hatte, im zweiten Anlauf an die ›richtige‹ Familie zu geraten.

Wegen dieser so überaus folgenschweren Unterschrift zur Adoptionsfreigabe habe ich mir fast mein ganzes Leben lang Vorwürfe gemacht. Ob man das von jenen, die dafür mitverantwortlich waren, auch sagen kann? Bisher habe ich jedenfalls von keiner Seite auch nur ein einziges Wort des Bedauerns vernommen. Was meine Mutter angeht, hat sie mir gerade neulich wieder Vorwürfe wegen meiner damaligen ›Blödheit‹ gemacht.

Seit unserem Wiederfinden sind nun beinahe sechs Jahre vergangen, und inzwischen sind wir uns ein schönes Stückchen näher gekommen. In dieser Zeit haben wir einiges voneinander erfahren, und es hat mich immer sehr glücklich gemacht, wenn Du mir von positiven Dingen berichtet hast. Vielleicht ist es ja auch wegen dieser Nähe für mich so schmerzhaft, dass Du Dich bisher nicht dazu entschließen konntest, mich persönlich kennenzulernen. Zum Glück ist Geduld etwas, was ich in meinem Leben ganz sicher gelernt habe, und so kann ich damit trotzdem ganz gut umgehen.

Jetzt, nachdem ich alle unsere Briefe noch einmal gelesen habe, kommen mir Zweifel an meiner Handlungsweise. Vielleicht hätte ich Dich ja doch längst direkt um dieses Treffen bitten sollen. Nein, warum denn ›bitten‹, ich hätte es v o r s c h l a g e n können. Vielleicht war ich zu ängstlich. Vielleicht hast Du das, was ich als ›Toleranz‹ bezeichne, ja auch als ›Ablehnung‹ gedeutet. Vielleicht ist das, was ich für Großzügigkeit halte, aber schlichtweg Angst, und vielleicht ist meine Zurückhaltung einfach nur dumm. Vielleicht hätten wir uns doch gleich zu Beginn treffen sollen, um den Gefühlen mehr Raum zu geben als den Worten. Vielleicht haben diese vielen Worte inzwischen zu einigen Missverständnissen geführt. Vielleicht, vielleicht, vielleicht …

Ach, wie gerne würde ich Dir dabei helfen, Deine Scheu — oder ist es gar eine Art Ablehnung? — vor einem Treffen mit mir abzubauen! Glaubst Du möglicherweise, ich könnte zu tief in Deine Familie eindringen oder Dir gar etwas wegnehmen oder streitig machen, vielleicht die Gefühle, die Du zu Deinen Eltern hast? Inzwischen kennst Du mich doch ein wenig und bist jetzt selbst Mutter. Kannst Du Dir allen Ernstes vorstellen, dass ich Dir noch einmal weh tun könnte?

Juristisch gesehen haben wir definitiv nichts mehr miteinander zu tun, aber unsere gemeinsamen Wurzeln lassen sich weder durch Gesetze noch durch Adoptionsstrategien noch durch irgendwelche gesellschaftliche Hemmnisse auslöschen. Jegliches Verdrängen ist da sinnlos. Unsere Vergangenheit wird uns immer wieder einholen und es liegt an uns, daraus doch noch etwas Positives zu machen.

Zum Schluss möchte ich Dir noch eine Anekdote erzählen, die nur auf den ersten Blick zum Lachen ist, aber wirklich nur auf den ersten Blick!

Aus meinen Ausführungen in diesem langen Brief hier, und all den anderen, die ich Dir zuvor geschrieben habe, hast Du sicher entnehmen können, dass ich seit meiner Kindheit nie mehr ein herzliches Verhältnis zu meiner Mutter hatte. Es kommt heute mehr denn je regelmäßig zu heftigen Disputen zwischen uns, weil ich nicht mehr gewillt bin, mich ständig bevormunden zu lassen und sie nicht begreift, dass es nun endlich an der Zeit ist, mich aus ihrem Einfluss zu entlassen. Davon, dass ich Dich wieder gefunden hatte, hatte ich ihr jahrelang nichts erzählt. Einmal, als es wieder zu einem heftigen Streit zwischen uns kam, weil sie mich sehr verletzt hatte, holte ich aus meiner Handtasche ein Foto von Dir heraus und legte es vor sie auf den Tisch. Ich wollte sie bis ins Mark treffen, aber der Schuss ging nach hinten los und traf stattdessen mich. Sie sah das Foto genau an und fragte dann seelenruhig: »Und, was soll ich damit? Wer soll das sein?«

Ich konnte es kaum glauben. Die Ähnlichkeit mit Deiner leiblichen Großmutter ist derart auffällig, dass das selbst ein beinahe Blinder hätte sehen können. Sie aber, die Zeit Ihres Lebens nur das wahrgenommen hat, was ihr genehm war, und die alles andere immer ausblendete, ignorierte schlichtweg diese Tatsache. Fassungslos fragte ich sie, ob ihr denn an dem Bild gar nichts auffalle.

»Wieso? Muss es das denn?«, fragte sie schnippisch und fügte dann noch hinzu: »Es ist auf jeden Fall eine sehr schöne Frau!«

Da ich sie völlig entgeistert ansah und absolut unfähig war, auch nur ein Wort zu sagen, ergriff wieder sie das Wort: »Du musst nicht denken, dass ich dumm bin.

Das ist wohl Deine Freundin. Ich dachte mir schon lange, dass Du lesbisch bist. Mir macht das aber nichts aus. Weißt Du, ich habe in meinem Leben schon so viel mitmachen müssen, da kommt es darauf auch nicht mehr an – außerdem ist das heutzutage ja überhaupt kein Problem mehr ...«

Für mich war das Maß des Erträglichen nun voll und so schrie ich ihr förmlich ins Gesicht: »Das ist Deine Enkelin! Meine Tochter, die Du damals so großzügig ›verschenkt‹ hast!«

Zitternd vor Aufregung drehte ich mich um und verließ ihre Wohnung. Als ich dieses Thema später noch einmal aufgriff und sie mich fragte, wann ich Dich denn getroffen hätte, erzählte ich ihr kurz, was bisher geschehen war. Ihre Antwort war ebenso unglaublich wie typisch: »Was denkt die sich eigentlich. Hast Du ihr denn nicht gesagt, dass Du damals gar nicht anders konntest? Du warst ja erst sechzehn Jahre alt!« Meinen Hinweis, dass ich nicht sechzehn, sondern achtzehn Jahre alt war, hörte sie sich erst gar nicht an. Sie wollte auch nichts davon hören, dass nicht ich diese Entscheidung getroffen hatte, sondern sie und ihr damaliger Lebensgefährte, da ich erst mit einundzwanzig Jahren volljährig gewesen wäre um alleine entscheiden zu können.

Nicht nur Du, liebe Lisa, wirst Dich vermutlich fragen, warum ich bis heute zu meiner Mutter gehalten habe. Auch ich frage mich das seit vielen Jahren immer wieder, habe bis heute aber noch keine überzeugende Antwort gefunden, denn es ist sicher ein Zusammenspiel von vielen Mosaiksteinchen. Für mich vorrangig ist die Tatsache, dass sie der einzige Mensch aus meiner engsten Familie ist, den ich überhaupt noch habe. Mein

Vater ist sehr früh gestorben und mein leiblicher Bruder hat seit fast zwanzig Jahren den Kontakt zu seiner Mutter und mir abgebrochen. Eine wichtige Rolle spielt sicher auch die Tatsache, dass das Band, das die Natur zwischen Mutter und Kind spinnt, offenbar nicht so leicht trennbar ist.

In meinem speziellen Fall kommen dann auch noch anerzogene Abhängigkeiten dazu, die ich mir nur mit Mühe und viel Energie abtrainieren kann. Sehr viele Energiereserven habe ich aber nicht und so wird mich dieses Abhängigkeitsgefühl wohl noch eine Weile beschäftigen. In die gleiche Kategorie passen die Schuldgefühle, die mir ebenfalls sehr erfolgreich eingeimpft wurden. Ich habe zwar schon angefangen, damit aufzuräumen, aber hier gibt es noch viel zu tun.

Eine meiner Eigenschaften, ist die Fähigkeit, treu und zuverlässig zu sein. Diese an sich gute Eigenschaft, kann sich aber auch negativ auswirken, denn man hält mitunter auch dann noch an etwas fest, wenn es dafür schon längst keinen Grund mehr gibt.

Nicht zuletzt tut mir diese alte Frau inzwischen leid. Sie hat Zeit ihres Lebens nicht gelernt, sich von den Zwängen zu befreien, die ihr ›die Gesellschaft‹ angeblich auferlegt hat. Vermutlich wäre meine frühe Schwangerschaft in einer soliden Arbeiterfamilie, wo man in der Regel sowieso ständig mit allerlei Ungemach konfrontiert wird, ohne Probleme akzeptiert worden. Meine Familie war damit offenbar völlig überfordert.

## Die Hoffnung stirbt zuletzt

So, meine ›unbekannte‹ liebe Tochter,

nachdem Du jetzt sehr viel über Deine ›Wurzeln‹ erfahren hast, wirst Du das alles sicher erst einmal verdauen müssen. Ich möchte Dir noch sagen, dass es mir nicht leicht gefallen ist, dies alles aufzuschreiben, denn dadurch habe ich es noch einmal haarklein durchleben müssen. Manches von dem einst Geschehenen ist mir erst jetzt klar geworden, anderes aber wird mir vielleicht immer ein Rätsel bleiben, und einiges habe ich mittlerweile auch verdrängt oder vergessen.

Lass Dich ganz fest drücken und Dir sagen, dass ich nach wie vor hoffe, Dich eines Tages wiederzusehen und dann endlich auch physisch in die Arme schließen zu können. Dass dieses erste Treffen dann für uns beide eine besondere Herausforderung sein wird, ist mir klar, aber ich denke, wir sollten trotzdem versuchen, unsere Berührungsängste zu überwinden. Die spontane Freude, die ich damals verspürte, als ich Dich gefunden hatte, ist inzwischen zum Teil einer Art Befangenheit gewichen, denn mit jedem Jahr, das seither verstrichen ist, passiert es immer öfter, dass mich meine Courage verlässt. Das hat aber nichts mit meinen Gefühlen zu Dir zu tun, sondern damit, dass ich zu oft ins Grübeln verfalle, und dabei kommt bekanntlich selten etwas Gutes heraus …

In Freundschaft und Liebe,
Deine Claudia

# Der Kleine Prinz

## XVII

Der kleine Prinz durchquerte die Wüste und begegnete nur einer Blume mit drei Blütenblättern, einer ganz armseligen Blume ...

»Guten Tag«, sagte der kleine Prinz.

»Guten Tag«, sagte die Blume.

»Wo sind die Menschen?«, fragte höflich der kleine Prinz.

Die Blume hatte eines Tages eine Karawane vorüberziehen sehen.

»Die Menschen? Es gibt, glaube ich, sechs oder sieben. Ich habe sie vor Jahren gesehen. Aber man weiß nie, wo sie zu finden sind. Der Wind verweht sie. Es fehlen ihnen die Wurzeln, das ist sehr übel für sie.«

»Adieu«, sagte der kleine Prinz.

»Adieu«, sagte die Blume.

Quelle: »Der Kleine Prinz«, A. de Saint-Exupéry
© 1950 und 2008 Karl Rauch Verlag, Düsseldorf